"¡Un libro excelente! El profesor Lennox obviamente sabe de qué está hablando; también tiene una envidiable capacidad para tornar clarísimos asuntos difíciles. Este libro es inmejorable en el ámbito de la ciencia y la religión".

– Alvin Platinga, Profesor Emérito de Filosofía John A. O'Brien, Universidad de Nôtre Dame

"La lectura de este libro es una delicia: Es reflexivo, perceptivo, amigable y audaz cuando necesita serlo. El Dr. Lennox ha llegado al centro del asunto en su pensamiento acerca de Génesis y la edad de la tierra, y cómo no tiene nada que ver con una evolución sin propósito. En este libro bien escrito, que manifiesta buena erudición presentada de forma accesible, el Dr. Lennox nos ha ayudado a pensar claramente sobre estas cuestiones. Espero compartir este libro con mucha gente. ¡Gracias, Dr. Lennox!"

– C. John Collins, Profesor de Antiguo Testamento, Seminario Teológico del Pacto

"¡Este notable libro de John Lennox es exactamente lo que he estado buscando para recomendar! Su tratamiento de Génesis 1 y 2 en relación con la ciencia moderna y la cultura del antiguo Cercano Oriente es accesible, amplio, equilibrado e irónico. Lennox ha escrito una obra sabia y bien documentada, y merece la audiencia más amplia posible".

– Paul Copan, Profesor y Catedrático de Filosofía y Ética Familia Pledger, Universidad Atlántica de Palm Beach, Palm Beach Occidental, Florida

"El Dr. Lennox es un guía apto para explorar tanto la Biblia como la ciencia. Argumenta admirablemente que ambas revelan al mismo Creador y Diseñador. En este estudio cuidadoso y bien documentado, examina todos los temas pertinentes concernientes al relato de la creación de Génesis. Todo lector esmerado obtendrá más información, mayor sabiduría y mejor preparación para defender la verdad de la Biblia ante un mundo escéptico".

– Doug Groothius, Profesor de Filosofía, Seminario Denver, y autor de *Apologética cristiana*.

"Siete días que dividen al mundo será ciertamente controversial, pero merece una cuidadosa lectura por parte de los interesados en el debate actual sobre ciencia y religión".

– Dr. Henry F. Schaefer III, Profesor de Química Graham Perdue, Director del Centro de Química Cuántica Computacional, Universidad de Georgia

"Con su inimitable estilo, John Lennox afronta una controversia apasionada con caridad, humor y humildad. Examina rigurosos argumentos académicos, pero destila el material científico y bíblico con una prosa legible e interesante. He aprendido mucho de mi colega, el profesor Lennox, respecto a enfrentarse a los más acerbos críticos de un modo elegante y directo, y confío en que los lectores encontrarán esta obra igualmente fascinante. Recomiendo entusiastamente este libro único y reflexivo".

– Ravi Zacharias, autor y conferencista

EL PRINCIPIO SEGÚN EL GÉNESIS Y LA CIENCIA

Siete días que
dividieron el mundo

John C. Lennox

Editorial CLIE
www.clie.es

EDITORIAL CLIE
C/ Ferrocarril, 8
08232 VILADECAVALLS
(Barcelona) ESPAÑA
E-mail: clie@clie.es
http://www.clie.es

Publicado originalmente en inglés por Zondervan bajo el
título *Seven Days That Divide the World*
Copyright © 2011 by John C. Lennox

EL PRINCIPIO SEGÚN EL GÉNESIS Y LA CIENCIA
ISBN: 978-84-17131-03-6
Depósito Legal: B 15980-2018
Religión y ciencia
General
Referencia: 225056

JOHN CARSON LENNOX, nacido el 7 de noviembre de 1943 en Irlanda del Norte, es profesor de Matemáticas en la Universidad de Oxford y Miembro en Matemáticas y Filosofía de la Ciencia y Consejero Pastoral en el Colegio Green Templeton de Oxford.

Ocupó la cátedra Alexander von Humboldt en las universidades de Würzburg y Friburgo en Alemania.

También posee un Master en Bioética. El profesor Lennox está interesado en las relaciones entre Ciencia, Filosofía y Teología y ha dado conferencias y escrito numerosos artículos y varios libros sobre matemáticas y apologética cristiana.

Ha debatido públicamente con los Nuevos Ateos, Richard Dawkins y Christopher Hitchen.

Para Larry Taunton, quien tuvo la idea

Contenido

Introducción

COMENCEMOS DESDE EL COMIENZO

"En el principio, creó Dios los cielos y la tierra". Estas palabras majestuosas inician el libro más traducido, más publicado y más leído de la historia. Recuerdo bien cuán profundamente me afectaron en la Nochebuena de 1968 cuando, como estudiante en la Universidad de Cambridge, las escuché leídas en directo por la tripulación del Apolo 8 mientras orbitaba la luna, ante el mundo que observaba por televisión. El contexto era un triunfante logro de la ciencia y la tecnología, que atrapó la imaginación de los millones de personas que lo presenciaron. Para celebrar aquel éxito, los astronautas eligieron leer un texto que no requería agregar explicación ni salvedad alguna, pese a haberse escrito hace milenios. El anuncio bíblico del hecho de la creación era tanto atemporalmente claro como magníficamente apropiado.

No obstante, a diferencia del hecho de la creación, cuando se trata del curso temporal y de los medios de la creación, particularmente de la interpretación de la famosa secuencia de días con la cual se inicia el libro, a lo largo de los siglos la el libro de Génesis ha resultado menos fácil de entender. De hecho, la controversia sobre este asunto está en su punto máximo, con el debate acerca de enseñar el creacionismo y la evolución en las escuelas de los Estados Unidos, la cuestión de las escuelas religiosas en el Reino Unido[1] y, por encima de todo quizás, la percepción popular del cristianismo como no científico (o incluso anticientífico) debido al relato de Génesis; una percepción respaldada con vehemencia por los nuevos ateos.

---

1. Son escuelas confesionales de fundaciones judías, cristianas, musulmanas, o de cualquier otra religión.

Una vez conocí a una brillante profesora de literatura de una famosa universidad, en un país donde no era fácil hablar públicamente acerca de la Biblia. Ella estaba intrigada tras saber que yo era un científico que creía en la Biblia, y dijo que le gustaría hacerme una pregunta que siempre había querido hacer, pero nunca se había atrevido. También reconoció, con típica sensibilidad oriental, que vacilaba en hacerme la pregunta por temor a ofenderme: "Se nos enseñó en la escuela que la Biblia comienza con un relato muy absurdo y nada científico acerca de cómo el mundo fue hecho en siete días. ¿Qué tiene usted que decir al respecto, como científico?".

Este libro está escrito para gente como ella, que ha descartado hasta la mera consideración de la fe cristiana por esta clase de razón. También está escrito para los muchos cristianos convencidos que están perturbados no solo por la controversia, sino también porque ni siquiera quienes toman la Biblia en serio concuerdan en la interpretación del relato de la creación. Algunos piensan que la única interpretación fiel de la Escritura es la opinión literal de la Tierra joven respecto a los días de Génesis, hecha famosa por el arzobispo Ussher (1581–1656), de la ciudad de Armagh, en Irlanda del Norte donde, dicho sea de paso, viví los primeros dieciocho años de mi vida. Ussher señaló el año 4004 a.C. como fecha del origen de la tierra. Su cálculo, basado en tomar los días de Génesis 1 como los días de 24 horas de una semana terrestre al comienzo del universo, dista seis órdenes de magnitud de la estimación científica actual de aproximadamente cuatro mil millones de años.

Otros sostienen que el texto puede ser entendido en concordancia con la ciencia contemporánea. Tales creacionistas de una tierra antigua están a su vez divididos respecto a la validez de la teoría de la evolución de Darwin. Algunos piensan que es válida, otros no. Finalmente, aún otros argumentan que el relato de Génesis está escrito para comunicar una verdad teológica atemporal, y que los intentos de armonizarlo con la ciencia están equivocados.

El tópico es claramente un potencial campo de minas. Sin embargo, no creo que la situación sea desesperada. Para comenzar, hay muchos cristianos que, como yo, están convencidos de la inspiración y la autoridad de la Escritura, y que han pasado sus vidas activamente dedicados a la ciencia. Pensamos que, ya que Dios es el autor tanto de su palabra, la Biblia, como del universo, debe definitivamente de haber armonía entre la correcta interpretación de los datos bíblicos y la correcta interpretación de los datos científicos. De hecho, fue la convicción de que había una inteligencia creativa detrás del universo y de las leyes de la naturaleza lo que dio el estímulo e impulso primario a la moderna búsqueda científica para entender la naturaleza y sus leyes, en los siglos XVI y XVII. Además, la ciencia —lejos de tornar a Dios redundante e irrelevante, como a menudo afirman los ateos— en realidad confirma su existencia, lo cual es el tema de mi libro *El sepulturero de Dios: ¿La ciencia ha enterrado a Dios?*[2]

ORGANIZACIÓN DEL LIBRO

Este libro tiene cinco capítulos y cinco apéndices. Como introducción a la controversia y a cómo la manejamos, el primer capítulo trata el reto que la teoría científica del movimiento de la tierra en el espacio planteó a la interpretación bíblica generalmente aceptada en el siglo XVI. El segundo capítulo avanza hacia algunos principios de interpretación bíblica, y los aplica a aquella controversia. El tercero es el corazón del libro, donde consideramos la interpretación de los días de Génesis. El cuarto está dedicado al relato bíblico del origen de los seres humanos, su antigüedad y los asuntos teológicos relacionados acerca de la muerte. Finalmente, en el quinto capítulo equilibramos nuestra explicación de la semana de la creación apoyándonos en el Nuevo Testamento para aprender cuáles aspectos de la narración de la creación de Génesis 1 se enfatizan allí, y por qué son relevantes hoy para nosotros.

Los apéndices tratan de varios asuntos que, aunque importantes, se colocan al final del libro de modo que el lector pueda dedicarse al material bíblico principal sin muchas digresiones. El apéndice A explora el trasfondo de Génesis en términos de cultura y literatura. El apéndice B se dedica a lo que se denomina la opinión del templo cósmico de Génesis 1. El apéndice C describe la convergencia de Génesis y la ciencia sobre el hecho de que el espacio-tiempo tuvo un comienzo. El apéndice D contempla la cuestión de si hay conflicto

---

2. John C. Lennox. *God's Undertaker: Has Science Buried God?* (Oxford: Lion Hudson, 2009).

entre Génesis 1 y Génesis 2. Finalmente, el apéndice E analiza la evolución teísta con especial atención a los supuestos argumentos del "Dios de las brechas".

Desearía enfatizar que este librito no pretende ser exhaustivo en su alcance. Ha sido escrito en respuesta a frecuentes solicitudes a lo largo de los años. Para mantener el libro breve, he debido priorizar aquellos temas sobre los que he sido interrogado más a menudo. Muchas otras interesantes preguntas han debido ser omitidas.

CAPÍTULO 1
Pero ¿se mueve?
Una lección de la historia

Este libro trata un tema muy controvertido. Los desacuerdos al respecto han sido bastante enconados en ocasiones. Sin embargo, aunque soy irlandés, ¡no voy a sugerir que la mejor forma de tratarlo sea con una buena pelea! De hecho, para obtener algún tipo de perspectiva sobre la manera en que tratamos la controversia, desearía retroceder hacia otra gran polémica, una que surgió en el siglo XVI. De haber estado yo escribiendo un libro entonces, bien podría haberme ocupado de la pregunta: ¿qué hemos de pensar de la sugerencia del astrónomo Nicolás Copérnico acerca de que la Tierra se mueve, cuando la Escritura parece enseñar que la Tierra está inamoviblemente fija en el espacio?

Esto no parece ser gran cosa hoy en día, pero en ese tiempo era un tema muy candente. ¿La razón? En el siglo IV a.C., el famoso filósofo griego Aristóteles enseñó que la Tierra estaba fijada en el centro del universo, y que el sol, las estrellas y los planetas giraban en torno a ella.[1] Esta opinión sobre la Tierra fija se mantuvo por siglos, aunque ya en el año 250 a.C., Aristarco de Samos propuso un sistema heliocéntrico.[2] Después de todo, tenía mucho sentido para la gente común: el sol parece girar en torno a la Tierra; y si esta se mueve, ¿por qué no somos todos lanzados al espacio? ¿Por qué una piedra, arrojada verticalmente hacia arriba, cae verticalmente a la Tierra si ésta está rotando rápidamente? ¿Por qué no sentimos un fuerte soplo de viento en el rostro en dirección opuesta a nuestro movimiento? ¿Acaso es ciertamente absurda la idea de que la Tierra se mueve?

La obra de Aristóteles fue traducida al latín y, en la Edad Media, con ayuda del enorme intelecto de Tomás de Aquino (1225–1274), llegó a influir en la Iglesia Católica Romana.

---

1. A menudo denominado sistema ptolemaico.
2. "Heliocéntrico" significa "con el sol en el centro", del griego *helios*, "sol".

Notamos, de paso, que Aristóteles no solamente creía que el universo era antiguo, sino que había existido siempre. Tomás de Aquino no tuvo dificultad en reconciliar un universo eterno con la existencia de Dios como Creador en un sentido filosófico, pero admitió que resultaba complicado conciliarlo con la Biblia, ya que esta afirmaba claramente que había habido un comienzo. La Tierra fija era diferente: Parecía encajar bien con lo que la Biblia decía. Por ejemplo:

> Temblad ante su presencia, toda la tierra; ciertamente el mundo está bien afirmado, será inconmovible (1 Cr. 16:30).
>
> Ciertamente el mundo está bien afirmado, será inconmovible (Sal. 93:1).
>
> Él estableció la tierra sobre sus cimientos, para que jamás sea sacudida (Sal. 104:5).
>
> Pues las columnas de la tierra son del SEÑOR, y sobre ellas ha colocado el mundo (1 S. 2:8).

Además, la Biblia no solo parecía enseñar que la Tierra estaba fija, sino afirmar con igual claridad que el sol se movía:

> En ellos puso una tienda para el sol, y éste, como un esposo que sale de su alcoba, se regocija cual hombre fuerte al correr su carrera. De un extremo de los cielos es su salida, y su curso hasta el otro extremo de ellos; y nada hay que se esconda de su calor (Sal. 19:4-6).
>
> El sol sale y el sol se pone, a su lugar se apresura, y de allí vuelve a salir (Ec. 1:5).

De modo que no es sorprendente que, cuando en 1543 Copérnico publicó su famosa obra *Sobre las revoluciones de las órbitas celestiales*, en la que proponía la opinión de que la Tierra y los planetas orbitaban en torno al sol, esta sorprendente nueva teoría fuera cuestionada por igual por protestantes y católicos. Se dice que, incluso antes de que Copérnico publicase su obra, Martín Lutero había rechazado el punto de vista heliocéntrico en términos bastante fuertes, en su *Conversación a la mesa* (1539):

> Se habla de un nuevo astrólogo que quiere probar que la Tierra se mueve y gira en lugar del cielo, el sol y la luna, igual que si alguien se moviese en un carruaje o barco pudiera sostener que él está sentado inmóvil y en reposo mientras la tierra y los árboles caminaran y

se movieran. Pero así son las cosas hoy en día: ¡Cuando un hombre desea ser ingenioso, debe... inventar algo especial, y la forma en que lo hace debe ser la mejor! El necio desea poner todo el arte de la astronomía patas para arriba. No obstante, como la Sagrada Escritura nos dice, así Josué ordenó al sol que se quedase inmóvil, y no a la Tierra.[3]

Muchos de los comentarios de Lutero en *Conversación a la mesa* fueron hechos en broma, y existe un considerable debate acerca de la autenticidad de esta cita. El historiador John Hedley Brooke escribe: "Se ha dudado si Lutero realmente se refirió a Copérnico como un necio, pero en una desestimación improvisada recordó que Josué le había dicho al sol, no a la Tierra, que se quedara inmóvil".[4]

Juan Calvino, por otra parte, claramente creía que la Tierra estaba fija: "¿Por qué medio podría [la Tierra] permanecer inmóvil, mientras los cielos arriba están en constante movimiento rápido, si su divino Hacedor no la hubiese fijado y establecido?".[5]

Algunos años después de Copérnico, en 1632, Galileo desafió la opinión aristotélica en su famoso *Diálogo concerniente a los dos principales sistemas del mundo.* Este incidente ha transitado la historia como un ejemplo emblemático de cómo la religión es antagonista de la ciencia. Sin embargo, lejos de ser un ateo, a Galileo lo impulsaba su profunda convicción interna de que el Creador, quien "nos ha dotado con sentidos, razón e intelecto" no quería que "nos privásemos de su uso y darnos por otros medios el conocimiento que podemos lograr con ellos".[6] Galileo sostenía que las leyes de la naturaleza están escritas por la mano de Dios en el "lenguaje de la matemática",[7] y que la "mente humana es una obra de Dios, y una de las más excelentes".[8]

Galileo fue atacado por su teoría de una Tierra móvil, primero por los filósofos aristotélicos y luego por la Iglesia Católica Romana.

---

3. Martin Lutero, *Table Talk,* citado en Nicolás Copérnico, *On the Revolutions of the Heavenly Spheres,* reeditado en *Great Books of the Western World* (Chicago: Encyclopaedia Britannica, 1939), 499-838.

4. John Hedley Brooke, *Science and Religion* (Cambridge: Cambridge University Press, 1991), 96.

5. Juan Calvino, *Commentary on the Book of Psalms* (Grand Rapids: Eerdmans, 1949), 4: 6-7.

6. Carta a la Gran Duquesa Cristina, 1615.

7. Stillman Drake, *Discoveries and Opinions of Galileo* (Nueva York: Doubleday, 1957), 237.

8. Galileo Galilei, *Dialogue concerning the Two Chief World Systems,* traducido por Stillman Drake (Berkeley: University of California Press, 1953), 104.

El asunto en juego era claro: La ciencia de Galileo estaba amenazando el ubicuo aristotelismo tanto en la academia como en la iglesia. El conflicto radicaba mucho más entre dos cosmovisiones "científicas" que entre la ciencia y la religión. Al final, Galileo tuvo que "retractarse" bajo presión, pero aun así (según se cuenta) no pudo evitar murmurarle a sus inquisidores: "Pero se mueve".

No hay, desde luego, ninguna excusa en absoluto para el uso de la inquisición por parte de la Iglesia Católica Romana con el fin de amordazar a Galileo ni por tomarse después varios siglos para rehabilitarlo. Sin embargo, de nuevo en contra de la creencia popular, Galileo nunca fue torturado, y su posterior arresto domiciliario lo pasó, en su mayor parte, en lujosas residencias privadas que pertenecían a amigos suyos. Además, el científico se acarreó él mismo algunos de sus problemas por su falta de tacto.

Muchos historiadores de la ciencia concluyen que el incidente de Galileo realmente no aporta nada que confirme la opinión simplista de conflicto en la relación entre la ciencia y la religión.[9]

Posteriormente, llevó muchos años establecer la opinión heliocéntrica que, supongo, mis lectores aceptan ahora, y se sienten muy a gusto con la idea de que no solamente la Tierra gira en torno a su propio eje, sino que también se mueve en una órbita elíptica alrededor del sol, con un promedio de 30 km/s (cerca de 67000 millas/hora), y le toma un año completar el circuito.

Pero ahora necesitamos afrontar una pregunta importante: ¿Por qué los cristianos aceptan esta "nueva" interpretación, y no insisten ya en una comprensión "literal" de las "columnas de la tierra"? ¿Por qué no estamos todavía divididos entre los partidarios de la tierra fija y los de la tierra móvil? ¿Será realmente porque todos hemos transigido, y hecho que la Escritura se subordine a la ciencia?

9. Ver John C. Lennox, *God's Undertaker: Has Science Buried God?* (Oxford: Lion Hudson, 2009), 23-26.

CAPÍTULO 2
Pero ¿se mueve?
Una lección acerca de la Escritura

¿CÓMO DEBERÍAMOS ENTENDER LA BIBLIA?

El asunto en juego en la controversia de Galileo es, desde luego, cómo debiera interpretarse la Biblia. Así que pensemos en algunos principios generales de interpretación antes de aplicarlos a la controversia de la Tierra móvil.

La primera cosa obvia, pero importante, que afirmar sobre la Biblia es que se trata de literatura. De hecho, es toda una biblioteca: algunos libros de historia, algunos de poesía, otros en forma de cartas, etc., muy diferentes en contenido y estilo. Al abordar la literatura en general, lo primero que se ha de preguntar es: ¿cómo desea su autor que sea entendida? Por ejemplo, el autor de un tratado de matemáticas no desea que se entienda como poesía; Shakespeare no quería que comprendiéramos sus obras como una historia exacta, etc.

A continuación, uno debería dejarse guiar, *en primer lugar,* por la comprensión natural de un pasaje, una oración, una palabra o una frase en su contexto, histórica, cultural y lingüísticamente. Los Reformadores enfatizaron esto en su reacción contra la clase de interpretación que (por citar un antiguo ejemplo) consideraba que los cuatro ríos mencionados en Génesis 2 —Pisón, Gihón, Tigris y Éufrates— representaban el cuerpo, el alma, el espíritu y la mente, respectivamente. En contraste con este método de interpretación "alegórico", los Reformadores adoptaron un enfoque descrito por el *Diccionario Oxford de Inglés* en su definición de "literal": "Aquel sentido o interpretación (de un texto) que se obtiene tomando sus palabras con su significado natural o habitual, y aplicando las reglas comunes de gramática; opuesto a *místico, alegórico,* etc." y "de aquí, por extensión... el sentido primario de una palabra o... el sentido expresado por la redacción misma de un pasaje, como diferente de cualquier significado metafórico o meramente sugerido".[1] Desde luego, no hay nada nuevo en esta forma de entender la literatura: es lo que usamos cotidianamente en nuestra lectura y conversación, sin ni siquiera pensar en ello.

La importancia de considerar la comprensión natural de un pasaje es clara cuando se trata de la enseñanza básica de la fe cristiana. La cuestión crucial acerca de las doctrinas fundamentales del cristianismo es, ante todo, que se han de entender en su sentido primario y natural. La cruz de Cristo no es primariamente una metáfora. Involucró una verdadera muerte. La resurrección no es principalmente una alegoría. Fue un acontecimiento físico: el "levantarse de nuevo"[2] de un cuerpo que había muerto.

Pero este principio básico necesita ser cualificado. Por ejemplo, cuando tratamos con un texto que fue producido en una cultura distante de la nuestra, tanto en el tiempo como en la geografía, el que nos parece ser el significado natural quizás no lo ha sido para aquellos a quienes se dirigió originalmente el texto. Consideraremos este punto a su debido tiempo.

En esta etapa hacemos unas pocas observaciones generales acerca de la forma en la cual usamos el lenguaje. Algunos de nosotros estarán familiarizados con lo que estoy a punto de decir, pero tal vez muchos no hayamos pensado demasiado en *cómo* usamos el lenguaje; estamos ocupados en demasía como para molestarnos. No obstante, nos será de gran ayuda dedicarnos apenas un breve tiempo a pensar en este tema.

Primeramente, puede haber más de una lectura natural de una palabra o frase. Por ejemplo, en Génesis 1 existen varios casos de esto. La palabra "tierra" se emplea primero para el planeta, y poco después para la tierra seca como diferente del mar. Ambas veces la palabra "tierra" tiene claramente un significado literal, pero ambos significados son diferentes, como resulta claro en el contexto.

Además, en muchos lugares no funcionará una comprensión literal. Tomemos primero un ejemplo del habla cotidiana. Todos

---

1. Esto suele denominarse "método literal". Tratamos el uso de la palabra *literal* *más abajo*.

2. Este es el significado de la palabra griega *anástasis*, empleada en el Nuevo Testamento para "resurrección".

entendemos lo que una persona quiere decir cuando afirma: "El auto iba volando por la carretera". El auto y la carretera son muy literales, pero "volando" es una metáfora. Sin embargo, también sabemos que la metáfora "volando" se refiere a algo muy real, que podría expresarse más literalmente como "muy rápido". Solo porque una oración contenga una metáfora no significa que no se refiera a algo real.

Para un ejemplo bíblico, tome la afirmación de Jesús: "Yo soy la puerta" (Jn. 10:9). Claramente no ha de entenderse en el sentido literal primario de una puerta de madera, sino metafóricamente. Pero note de nuevo que la metáfora se refiere a algo real: Jesús es una verdadera puerta a una experiencia real y, por tanto, muy literal de salvación y de vida eterna. También debiéramos observar que la razón por la cual no tomamos esta afirmación literalmente tiene que ver con nuestra experiencia del mundo. Conocemos las puertas, y nuestra experiencia sobre ellas nos ayuda a decidir que Jesús está usando una metáfora. Retornaremos luego a este punto.

Además, como señaló C. S. Lewis, es imposible hablar de cosas que están más allá de nuestros sentidos inmediatos sin emplear metáforas. Los científicos usan, por tanto, las metáforas de forma permanente. Hablan de partículas de luz y de paquetes de ondas de energía; pero no desean que usted se imagine la luz como pequeñas bolitas literales, o la energía como olas literales del mar. No obstante, en cada caso la metáfora describe algo real —literal, si lo prefiere— a un nivel superior.

Para hacer las cosas un poco más complicadas, pero también más interesantes, a veces pueden aparecer juntos un sentido primario y uno metafórico. Tome la ascensión de Cristo, por ejemplo. En su sentido primario se refiere al ascenso vertical, literal, de Jesús al cielo, observado físicamente por los discípulos.[3] Sin embargo, es más que eso. El movimiento ascendente literal conlleva un significado más profundo: él ascendió al trono de Dios. Por ejemplo, cuando decimos que la reina Isabel II ascendió al trono de Inglaterra en 1952,

---

3. Ver Hechos 1 que, deberíamos tener en cuenta, fue escrito por el historiador Lucas quien, como médico, poseía lo más parecido a una formación científica entre todos los escritores del Nuevo Testamento. Para la apreciación de Lucas respecto a las preguntas que surgen en relación con la ciencia y los milagros, ver David W. Gooding, *According to Luke* (Leicester: InterVarsity, 1987), 37ss. Para un punto de vista científico, ver John C. Lennox, *God's Undertaker: Has Science Buried God?* (Oxford: Lion Hudson, 2009), capítulo 12.

no afirmamos meramente que subió a una silla ornamentada en la abadía de Westminster. Lo hizo, desde luego; pero ese ascenso (literal) a la silla era al mismo tiempo una metáfora de su asunción (literal) del poder regio sobre su pueblo. Similarmente, la ascensión (literal) de Cristo es una metáfora para su asunción (literal) de autoridad universal.

En cada uno de estos ejemplos vemos cómo la palabra "literal" puede resultar inadecuada e incluso engañosa, pues puede haber diferentes niveles de literalidad. Por tanto, hoy día es común reservar la palabra "literalista" para la adherencia al significado básico y primario de una palabra o expresión, y usar "literal" para la lectura natural como deseaba el autor u orador. Así, leer la frase "el auto iba volando por la carretera" de manera literalista significaría entender que el auto en realidad estaba volando. Leerla literalmente —o sea en el sentido natural— significaría que el auto iba muy rápido. Sin embargo, no todos concuerdan en este uso de "literal", y esto lleva a menudo a confusión. Debemos ser, por tanto, cuidadosos en nuestro uso de "literal".

Recuerdo haber hablado en una ocasión sobre el relato de la creación de Génesis con un muy conocido astrofísico, quien me sugirió que era primitivo creer en la Biblia. Para ilustrar un punto, escribí en su pizarrón: "Y Dios dijo, que haya luz. Y hubo luz". Él dijo: "Eso suena realmente primitivo. Usted no cree eso, ¿no es cierto? Sugiere que Dios tiene un aparato fonador y habla como nosotros lo hacemos". En otras palabras, mi colega estaba tomando la palabra "dijo" en su sentido primario, natural, humano; la estaba tomando literalísticamente. Yo me reí y le indiqué que ahora era él quien estaba siendo primitivo. Por supuesto, Dios, que es espíritu, no tiene un aparato fonador, pero él puede comunicarse. En otras palabras, la expresión "Y Dios dijo" denota una comunicación real y literal, pero nosotros no tenemos la más leve idea de cómo se realiza.

Para Dios, el significado de la palabra "dijo" es diferente al que tiene para nosotros[4], pero los dos usos están suficientemente relacionados como para que una palabra signifique en efecto ambas cosas.

---

4. En realidad, cuando Dios habla a ciertas personas en la Biblia, emplea el lenguaje humano, aunque su forma de hacerlo nos resulte, por supuesto, desconocida. Podríamos llegar más lejos y afirmar que el discurso de Dios es la clase primaria y que el humano es derivado, por cuanto estamos hechos a imagen de Dios.

La razón por la que me resultó gracioso que mi amigo astrofísico hiciera sus observaciones es que, como le recordé, los científicos emplean continuamente metáforas sin siquiera pestañear. Ellos deberían ser los últimos en quejarse cuando la Biblia las emplea.

Como punto general, vale la pena recordar la perspicaz observación de Henri Blocher: "La expresión humana rara vez permanece en el punto cero de la mera prosa, que comunica de la manera más simple y directa posible, y emplea las palabras en su sentido ordinario".[5] Lo que Blocher quiere decir es que todos usamos metáforas en nuestra conversación normal. ¡Qué sosa sería la vida sin ellas!

Aún se podría decir más sobre el uso del lenguaje, pero quizás sea ya suficiente para captar la idea básica. ¡Y estoy seguro de que lo último que desea el lector es que este libro se transforme en una extensa lección de gramática!

Sería una pena que, en un (correcto) deseo de tratar la Biblia como más que un libro, termináramos tratándola como menos que un libro, por negarle la gama y uso del lenguaje, el orden y las figuras literarias que nos son familiares (o deberían serlo) por nuestra experiencia normal de conversación y lectura.

Si tenemos esto en cuenta, la respuesta a la pregunta "¿en qué nivel debería leerse un texto?" es a menudo obvia. Aceptamos el significado primario natural; y si eso no tiene sentido, avanzamos al siguiente nivel. Por ejemplo, las afirmaciones de Jesús "Yo soy la puerta" (Jn. 10:9) y "Yo soy el pan de vida" (Jn. 6.48). Pero hay casos en los que la respuesta no parece ser tan obvia, en el sentido de que creyentes de todos los tiempos, plenamente convencidos de la autoridad de la Escritura, arriban a diferentes interpretaciones. ¿Qué hemos de hacer en tal situación? Esta era la pregunta candente en el tiempo de Galileo. Apliquemos, por tanto, lo que hemos aprendido a la controversia sobre la Tierra móvil, para ver cómo los cristianos llegaron por fin a aceptar esta "nueva" interpretación y dejaron de insistir en una comprensión literalista de los cimientos y las columnas de la Tierra.

Por supuesto, esto no ocurrió de la noche a la mañana. Por muchos años, si no siglos, debió de haber dos posturas principales polarizadas: la de la Tierra fija y la de la Tierra móvil, y este último grupo creció

---

5. Henri Blocher, *In the Beginning* (Leicester: InterVarsity, 1984), 18.

constantemente en número. Estos criterios no solo los sostenían aquellos para quienes la Escritura tenía escasa o nula autoridad (aunque seguro que hubo algunos), sino por aquellos que estaban convencidos de que la Biblia era la Palabra de Dios inspirada, y la consideraban la autoridad plena y definitiva. Estos últimos estarían de acuerdo con los elementos centrales del evangelio, incluidas las doctrinas de la creación, la caída, la salvación; la encarnación, la vida, la muerte, la sepultura, la resurrección y la ascensión de Cristo; la expectativa de su retorno y el juicio final. Ellos discreparían, no obstante, respecto a lo que enseñaba la Escritura sobre el movimiento de la Tierra.

Esto plantea de inmediato varias preguntas. ¿Obedecían esas diferencias a un simple deseo de parte de la facción de la Tierra móvil, por encajar con los avances de la ciencia? ¿O eran el resultado de la intransigencia y las actitudes anticientíficas de la facción de la Tierra fija? ¿Los de la Tierra móvil comprometían necesariamente la integridad y la autoridad de la Escritura?

LA BIBLIA Y LA CIENCIA

Primero, algunos comentarios generales. A menudo se afirma que la Biblia no es en absoluto relevante para la ciencia. De hecho, el famoso paleontólogo americano Stephen Jay Gould, de la Universidad de Harvard, sugirió que la religión y la ciencia pertenecían a dominios o magisterios separados.[6] Quería decir que la ciencia y la religión tratan de asuntos fundamentalmente distintos, y que se puede lograr la armonía si los mantenemos completamente separados.

Ahora, esta opinión (a menudo llamada NOMA por sus siglas en inglés *Non-Overlapping Magisteria* = magisterios no superpuestos) tiene un obvio atractivo para algunas personas: Si la ciencia y la Biblia no tienen nada que ver entre sí, nuestro problema está resuelto. Sin embargo, existen dos imprevistos muy grandes. Primeramente, la afirmación de que la ciencia y la religión están completamente separadas suele esconder otra creencia: que la ciencia trata la realidad, y la religión con Santa Claus, el Hada de los Dientes y Dios. La impresión de que la ciencia se ocupa de la verdad y la religión con fantasías está muy extendida. Nadie que esté convencido de la

6. Un magisterio es un cuerpo de enseñanza.

verdad, de la inspiración y de la autoridad de la Escritura podría admitir algo así.

Pero surge otro imprevisto con la opinión de Gould. No podemos mantener la ciencia y la Escritura completamente separadas, por la simple razón de que la Biblia habla acerca de algunas de las cosas de las que habla la ciencia. Y esas son cosas muy importantes, como el origen del universo y de la vida. "En el principio creó Dios los cielos y la tierra" (Gn. 1:1) y "Creó, pues, Dios al hombre a imagen suya" (Gn. 1:27) son afirmaciones acerca del universo físico objetivo y de la naturaleza de los seres humanos, con implicaciones de muy largo alcance para nuestra comprensión del universo y de nosotros mismos.

Permítaseme aclarar mi posición. Soy un científico que cree que la Escritura es la Palabra de Dios. No me avergüenza, por tanto, extraer implicaciones científicas de ella, cuando se justifica. No obstante, decir que la Escritura tiene implicaciones científicas no significa que la Biblia sea un tratado científico del cual podamos deducir las leyes de Newton, las ecuaciones de Einstein o la estructura química de la sal común. En su comentario del Génesis, Juan Calvino escribió: "Aquí no se trata de nada sino de la forma visible del mundo. Quien quiera aprender astronomía y otras artes recónditas, deberá ir a otra parte".[7]

Ciertamente, una de las tareas fascinantes que se nos alienta a realizar en el universo de Dios es hacer justamente eso: descubrir muchas cosas por nosotros mismos. Recuerde que, según Génesis, fue Dios mismo quien ordenó a los primeros humanos que pusieran nombre a los animales: él no iba a hacerlo por ellos (Gn. 2:19-20). Esto es muy interesante, porque dar nombre a las cosas es la esencia misma de la ciencia (lo llamamos taxonomía); ¡así que fue Dios quien inauguró la ciencia! Por esta clase de razón, el brillante científico James Clerk Maxwell tenía las palabras de Salmos 111:2 (en la versión *King James*) grabadas en el laboratorio Cavendish de Cambridge: "Grandes son las obras del SEÑOR, buscadas por todos los que se deleitan en ellas." Dios ama la mente inquisitiva, un hecho que ha sido de gran aliento para mí en mi estudio de las matemáticas así como de la historia y de la filosofía de la ciencia.

7. Juan Calvino, *Commentaries on the First Book of Moses, Called Genesis*, trad. John King (Grand Rapids: Eerdmans, 1988), 1:79.

Podemos sin duda coincidir también en que la Biblia no está escrita en el lenguaje científico avanzado contemporáneo. Esta circunstancia no debería causarnos sorpresa o dificultad alguna, sino más bien gratitud y alivio. Suponga, por ejemplo, que Dios hubiera intentado explicarnos el origen del universo y de la vida en un lenguaje científico detallado. La ciencia está cambiando constantemente, se desarrolla necesitada de corrección, aunque (confiamos) se torna cada vez más exacta. Si la explicación bíblica estuviera al nivel de, digamos, la ciencia del siglo XXII, sería probablemente ininteligible para todos, incluidos los científicos de hoy. Esta no puede haber sido la intención de Dios. Él deseaba que su significado fuera accesible para todos.[8] De hecho, una de las cosas más notables de Génesis es que es accesible y tiene un mensaje para todos, científicamente ilustrados o no.

Como lo expresó Juan Calvino: "El Espíritu Santo no tenía intención de enseñar astronomía; y, al proponer una instrucción destinada a ser común para las más simples y poco educadas de las personas, hizo uso del lenguaje popular de Moisés y los demás profetas... El Espíritu Santo prefiere hablar de manera infantil y no de forma ininteligible para los humildes e ignorantes".[9] Nótese que esta afirmación no viene de alguien ambiguo respecto a la autoridad de la Escritura; tampoco es una reflexión reciente producida por la supuesta incomodidad de los cristianos confrontados con la ciencia moderna. De hecho, San Agustín (354–430) ya había tenido el mismo pensamiento mil años antes que Calvino: "No leemos en el Evangelio que el Señor dijera: «Les envío el Paracleto, quien os enseñará sobre el curso del sol y de la luna»; pues él deseaba hacer cristianos, no matemáticos".

En lugar de un lenguaje científico, la Biblia emplea a menudo lo que se denomina lenguaje fenomenológico, el lenguaje de las apariencias. Describe lo que cualquiera puede ver. Habla del sol como lo hacen todos los demás, incluidos los científicos, aunque ellos saben que el sol solo parece ascender por la rotación de la Tierra. Decir

---

8. Podríamos observar, asimismo, que el hebreo bíblico tiene un vocabulario de menos de cuatro mil palabras, mientras que en inglés hay aproximadamente doscientas mil palabras en el uso actual.

9. Juan Calvino, *Commentary on the Book of Psalms*, volumen V (Edimburgo: Constable, 1849), v. 7, p. 184.

que el sol "asciende" no compromete a la Biblia ni, por lo demás, a ningún científico, con ningún modelo particular del sistema solar.

Dicho todo esto, enfaticemos sin embargo de nuevo el punto clave. Aun no siendo un tratado científico, precisamente por ser la Palabra revelada de Dios, la Biblia tiene una *verdad* que decirnos sobre la misma clase de realidad objetiva que trata la ciencia, y en particular respecto a la naturaleza y el origen del cosmos y de los seres humanos. Debemos, por consiguiente, intentar comprender esa verdad.

En *Sobre el significado literal de Génesis*, San Agustín ofreció a los cristianos consejos interesantes y valiosos sobre cómo relacionarse con la ciencia. Su consejo muestra que nuestra era científicamente avanzada no es la única consciente de la clase de tensión precipitada por un conflicto percibido entre la ciencia y el registro bíblico. San Agustín estaba bien familiarizado con ella en su propia época.[10] Lo que tiene que decir merece citarse con cierta extensión, para poder capturar su espíritu:

> Habitualmente, hasta un no cristiano sabe algo sobre la tierra, los cielos... y ese conocimiento al que se aferra como cierto desde la razón y la experiencia. Ahora, es lamentable y peligroso que un infiel oiga hablar disparates respecto a estos temas a un cristiano que, presumiblemente, está interpretando la Sagrada Escritura; y deberíamos adoptar todos los medios para evitar una situación tan vergonzosa, pues al oírle delirar sobre estas cuestiones... apenas podrá contener la risa... Si hallan que un cristiano está equivocado en un tema que conocen bien y le oyen sostener sus necias opiniones acerca de nuestros libros, ¿cómo creerán lo que afirman esos libros en asuntos como la resurrección de los muertos, la esperanza de vida eterna y el reino de los cielos, si piensan que sus páginas están llenas de falsedades sobre hechos que ellos han aprendido de la experiencia y a la luz de la razón?[11]

Agustín ciertamente ha puesto el dedo en la llaga sobre una de las razones por las cuales ninguno de nosotros mantendría una

---

10. Tenga en cuenta que no me refiero aquí a un día de 24 horas, ¡pero hablaremos más sobre esto después!

11. San Agustín, *The Literal Meaning of Genesis*, volumen 1 (Mahwah: Paulist Press, 1982), capítulo 19, v. 39, p. 42.

interpretación básica literalista respecto a los cimientos y las columnas de la Tierra: No deseamos parecer científicamente ignorantes[12] y acarrear desprestigio al mensaje cristiano. Desde luego (pero debe decirse), Agustín no está sugiriendo que los cristianos no deban estar preparados para enfrentarse al ridículo sobre doctrinas fundamentales del mensaje cristiano, como la divinidad de Cristo, su resurrección, etc. Dicho ridículo, a menudo basado en la falsa noción de que la ciencia ha hecho imposible creer en los milagros,[13] ha sido evidente y sigue siéndolo, como el presente autor sabe a ciencia cierta. La moraleja de San Agustín es, más bien, que si mis opiniones sobre algo que no es fundamental para el evangelio, sobre lo que los cristianos convencidos también discrepan, provoca el ridículo y, por tanto, hacen que mis oyentes sean reacios a escuchar lo que yo tenga que decir sobre el mensaje cristiano, entonces yo debería estar preparado para considerar la posibilidad de que la culpa sea de mi interpretación.

La mayoría de nosotros coincidiremos en que es importante distinguir entre las cuestiones que pertenecen al mensaje fundamental de la Biblia y los asuntos menos centrales, donde hay espacio para varias opiniones.[14] También es necesario estar preparados para distinguir entre lo que la Escritura declara realmente y lo que nosotros pensamos que significa. Es la Escritura la que tiene la autoridad final, no nuestro entendimiento de ella. Es un espectáculo triste, que trae descrédito al mensaje cristiano, cuando quienes profesan creerlo contradicen su profesión contendiendo entre ellos o caricaturizando a otros, en lugar de involucrarse en una discusión respetuosa a través de la cual todas las partes podrían simplemente aprender algo.

En relación con el movimiento de la tierra, aceptamos el consejo de San Agustín porque ahora podemos ver que, aunque *podría* entenderse que el texto bíblico respalda una Tierra fija, existe una interpretación alternativa *razonable* de esos textos que tiene mucho más sentido a la luz de nuestro mayor entendimiento de cómo opera el sistema solar.

---

12. Aunque observo que hoy sigue existiendo una página web que sostiene la opinión aristotélica: www.fixedearth.com

13. Ver Lennox, *God's Undertaker*, capítulo 12.

14. Desde luego, a menudo habrá una diferencia de opinión sobre lo central y lo periférico.

Ahora sabemos que la Tierra no descansa en cimientos literales ni columnas de piedra, hormigón o acero. Podemos, por tanto, ver que las palabras "cimientos" y "columnas" se emplean en sentido metafórico. Sin embargo, es necesario enfatizar una vez más que las metáforas representan realidades. Dios el Creador ha incorporado ciertos factores de estabilidad muy reales en el sistema planetario, que garantizarán su existencia durante el tiempo que sea necesario para cumplir sus propósitos. La ciencia ha sido capaz de mostrarnos que la Tierra es estable en su órbita por largos períodos, en parte gracias a la presencia de la Luna, que estabiliza la inclinación del eje terrestre, y a la existencia del planeta Júpiter, que ayuda a mantener los demás planetas en el mismo plano orbital.[15] La estabilidad de la Tierra es, por tanto, muy real. Si usted lo desea, es una estabilidad literal o verdadera, aunque no tiene sentido ahora entender la palabra *estabilidad* de forma literalística, como referida a la inmovilidad.

Pero hay algo más. Aceptamos la interpretación metafórica, porque podemos ver que se trata de un entendimiento perfectamente sensato y documentado del texto bíblico. La Tierra no tiene que estar en el centro del universo físico para ser el centro de la atención de Dios. Aunque nuestra interpretación se basa en el conocimiento científico, no compromete la autoridad de la Escritura. Y este es el aspecto importante. La Escritura tiene la autoridad primaria. La experiencia y la ciencia han ayudado a decidir entre las interpretaciones posibles que la Escritura permite.

La inmensa mayoría de los cristianos están, por tanto, perfectamente conformes con una interpretación metafórica de los cimientos y los pilares de la Tierra. No la consideran forzada ni subordinada a la ciencia, aunque la ciencia les ha ayudado a refinar y ajustar su interpretación.

¿Qué deberíamos pensar, entonces, de los creyentes de las generaciones pasadas quienes, durante centenares de años, interpretaron el registro bíblico en términos de una Tierra inmóvil? ¿Los acusare de no creer en el evangelio ni en la Escritura, tan solo porque no sabían lo que ahora sabemos nosotros? Desde luego que no. Para ellos,

---

15. Desde un punto de vista matemático, hay algunos elementos caóticos en la dinámica de los planetas. No podemos predecir exactamente dónde estarán situados en un tiempo de 100 millones de años, porque no es posible medirlos con suficiente exactitud ahora. No obstante, estos elementos caóticos parecen estar limitados.

la interpretación tenía sentido y cuadraba con la mejor ciencia de su época. De hecho, nadie en el mundo antiguo tenía pruebas de que la Tierra se moviera (aunque algunos, como Aristarco de Samos, lo habían supuesto).

Con respecto a la actitud de Lutero y Calvino, John Heldey Brooke es perspicaz: "El punto importante no es si Lutero o Calvino hicieron afirmaciones perentorias, exudando una confianza de toda la vida en una cosmología pre-copernicana, sino si sus principios exegéticos implicaban un inevitable choque a medida que el nuevo sistema ganaba plausibilidad".[16] Y Brooke sugiere que no.

Es interesante que la primera prueba sólida de que la Tierra se movía no se halló hasta 1725, cuando James Bradley, profesor saviliano de astronomía en Oxford y posteriormente Astrónomo Real, lo dedujo de su observación de la aberración de la estrella Gamma Draconis.[17] La interpretación cristiana anterior de la Escritura en términos de una Tierra fija no atrajo el ridículo de los incrédulos, porque la opinión de la Tierra fija era dominante en el conjunto de la sociedad de entonces. Por muchos siglos, la gente ni se molestó en cuestionarla, simplemente porque no había razón para ello.

No obstante, una vez quedó de manifiesto y se aceptó de forma generalizada que la Tierra se movía, y que las Escrituras podían interpretarse de forma coherente con ese hecho sin comprometer su integridad ni su autoridad, seguir manteniendo que la Escritura insistía en que la Tierra estaba fija en el cielo lo dejaría a uno vulnerable al ridículo justificado, y acarrearía desprestigio a la Escritura.

LECCIONES FINALES DE GALILEO

El incidente de galileo nos enseña que deberíamos ser lo suficientemente humildes para distinguir entre lo que la Biblia afirma y nuestras interpretaciones de ella. El texto bíblico puede muy bien ser más complejo de lo que inicialmente imaginamos, y podemos, por tanto, correr el peligro de usarlo para apoyar ideas que nunca

16. John Hedley Brooke, *Science and Religion* (Cambridge: Cambridge University Press, 1991), 96.
17. Estrella que pasa directamente por encima de Londres. Bradley detectó una variación anual en la posición aparente de las estrellas debido a cambios en la velocidad de la Tierra. Tales cálculos llevaron a una estimación de la velocidad orbital de la Tierra de 30 km/s.

pretendió enseñar. Se puede entender que la Biblia enseña que la Tierra estaba fija. Pero no es necesario comprenderla de esa forma. Al menos eso fue lo que pensó Galileo en su época, y la historia le dio posteriormente la razón.

Otra conclusión, en una dirección diferente, a la que a menudo no se llega, es que fue Galileo (creyente en la Biblia) quien proponía una mejor comprensión *científica* del universo. Él lo estaba haciendo, como hemos visto, no solamente contra el oscurantismo de algunos eclesiásticos, sino (y ante todo) contra la resistencia (y el oscurantismo) de los filósofos seculares de su tiempo, quienes, al igual que los eclesiásticos, eran discípulos convencidos de Aristóteles. A la luz de los hechos, los filósofos y científicos de hoy también necesitan humildad, ¡aunque esos hechos los señale alguien que cree en Dios! La falta de creencia en Dios no es una garantía de ortodoxia científica como tampoco lo es la creencia en Dios. Lo que sí está claro, con respecto al tiempo de Galileo y al nuestro, es que la crítica de un paradigma[18] científico imperante está plagada de riesgos, sin importar quién la realice.

Finalmente, vemos que se deben evitar dos extremos. El primero es el peligro de vincular la interpretación de la Biblia demasiado ajustadamente a la ciencia del momento, como lo hicieron los de la Tierra fija aunque, como hemos visto, es difícil culparlos visto que esa opinión era el paradigma *científico* reinante. De hecho, por esta razón prefiero hablar de la *convergencia* entre las interpretaciones de la Escritura y las de la ciencia en un momento particular; por ejemplo, la actual convergencia de que hubo un comienzo, algo que consideraremos a su debido tiempo.

El error opuesto consiste en ignorar la ciencia. Como advirtió San Agustín, esto desprestigia el evangelio. Es también una actitud oscurantista que no encuentra apoyo en la Escritura. En Romanos 1:20 Pablo alude a Dios, y escribe: "Porque desde la creación del mundo, sus atributos invisibles, su eterno poder y divinidad, se han visto con toda claridad, siendo entendidos por medio de lo creado, de manera que no tienen excusa". Si, por tanto, podemos aprender cosas acerca de Dios como Creador a partir del universo visible, ciertamente nos incumbe usar la mente que Dios nos ha dado para

---

18. Un paradigma es un cuadro general o un marco dentro del cual se lleva a cabo la ciencia.

pensar en cuáles son esas cosas, y relacionar así la revelación general de Dios en la naturaleza con su revelación especial en su Palabra, de modo que podamos regocijarnos en ambas. Después de todo, fue Dios quien puso aquí el universo, y sería muy extraño que no tuviéramos interés en él.

Hallar un equilibrio no siempre es fácil, pero se diría que nos las hemos apañado con el asunto del movimiento de la Tierra, ¡aunque llegar hasta ahí solo llevara cerca de unos mil setecientos años! Sinceramente espero que esto signifique que hay esperanza para nosotros en otras controversias. Estamos por considerar una de ellas ahora mismo.

CAPÍTULO 3
Pero ¿es antigua?
Los días de la Creación

INTERPRETACIÓN DE LOS DÍAS DE GÉNESIS: UNA BREVE PERSPECTIVA HISTÓRICA

Todos sabemos cuál es la controversia. Los cristianos están divididos en dos grupos principales en su entendimiento de los días de Génesis. Primero están quienes creen que los días de Génesis son días de 24 horas de una semana terrestre, y que el universo es joven (creado hace casi seis mil años). Luego están quienes creen que el universo es antiguo. Es importante tener en cuenta desde ahora que las opiniones de los creacionistas de la Tierra joven y de la Tierra antigua datan de hace mucho. Ninguna de ellas es una invención reciente.

La palabra *creacionista*, sin embargo, ha cambiado su significado con el tiempo. En origen significaba simplemente alguien que creía en un creador, sin implicación alguna de cómo o cuándo se realizó la actividad creadora; hoy en día, *creacionista* suele entenderse como "creacionista de la tierra joven".

A través de los siglos, muchos han sostenido que se pueden trazar líneas rectas desde la semana de la creación de Génesis hasta la semana de la vida ordinaria. El calendario judío, por ejemplo, ha tomado durante siglos como punto de partida la "era de la creación", que fecha en el año 3761 a.C. (2010 es el año judío 5770, que va de septiembre del 2009 a septiembre del 2010). Además, en hebreo contemporáneo, los días de la semana se indican mediante los números del uno al seis, siendo el sábado (shabbat, reposo) el séptimo día, exactamente como en Génesis 1.

Los Reformadores cristianos Lutero y Calvino[1] y muchos de los que redactaron la confesión de Westminster también sostenían la

---

1. Calvino escribió: "Aquí se refuta claramente el error de quienes sostienen que el mundo se hizo en un momento. Y es que es un reparo demasiado violento afirmar que

interpretación de 24 horas. En su comentario de Génesis, Calvino dijo que la duración de la creación fue un "espacio de seis días", frase que después adoptaría la Confesión de Westminster.

No obstante, ha habido otros, incluso en tiempos antiguos, que interpretaron Génesis 1 de un modo distinto. Entre ellos estaba Filón (10 a.C.–50 d.C.), un influyente escritor judío que vivió en Alejandría en la época de Cristo. Entre muchas otras obras, él escribió un libro titulado *Un tratado sobre el relato de la creación del mundo según Moisés*. En la sección III.13 dice que "el mundo fue creado en seis días, no porque el Creador tuviera necesidad de una extensión de tiempo (pues es natural que Dios lo hiciera todo simultáneamente, no solo emitiendo una orden, sino con solo haberlo pensado); fue más bien porque las cosas creadas requerían un orden y los números equivalen al orden. Y, de todos los números, el seis es el más productivo según las leyes de la naturaleza: de todos los números, desde la unidad en adelante, es el primero perfecto, equivalente en todas sus partes y, a la vez, a la suma de ellas. El número tres es su mitad, el dos es un tercio de él y el uno es un sexto de él...". De modo que Filón pensaba que la creación era un acto instantáneo y que el relato de Génesis tenía más que ver con unos principios de organización y orden.

Algunos de los primeros padres de la iglesia, como Justino Mártir en su Diálogo con Trifón e Ireneo en Contra todas las herejías, sugirieron que los días podrían haber sido largos períodos, basándose en Salmos 90:4 ("Porque mil años ante tus ojos son como el día de ayer que *ya* pasó, y *como* una vigilia de la noche".) y 2 Pedro 3:8 (" Pero, amados, no ignoréis esto: que para el Señor un día es como mil años, y mil años como un día".) Ireneo aplicó esta interpretación de Génesis a la advertencia de Dios respecto al Árbol del Conocimiento del Bien y del Mal ("porque el día que de él comas, ciertamente morirás". [Gn. 2:17]): "En el mismo día que comieron, también murieron (pues es un día de la creación)...

Moisés distribuyó en seis días la obra que Dios perfeccionó de inmediato, con el mero propósito de transmitir instrucciones. Concluyamos más bien que Dios mismo se tomó el espacio de seis días con el propósito de acomodar sus obras a la capacidad de los hombres". *Commentaries on the first book of Moses, called Genesis* (Grand Rapids: Eerdmans, 1948), cap. 1, v. 5, p. 78.

Él (Adán) no superó los mil años, sino que murió en el transcurso de ellos".[2]

Clemente de Alejandría (150–215 d.C.), quien escribió como Justino e Ireneo en el segundo siglo, pensaba que la creación no podía haber tenido lugar en absoluto dentro del tiempo, ya que "el tiempo nació con las cosas que existen".[3] Por tanto, él entendió que los días comunicaban la prioridad de las cosas creadas, pero no el tiempo de su creación. Un poco después, Orígenes (185–254 d.C.), el teólogo más destacado de su época, señaló que en el relato de Génesis el sol no fue creado hasta el cuarto día. Formuló una objeción obvia: "Ahora, ¿qué hombre inteligente creería que el primero, el segundo y el tercer día, y el atardecer y la mañana existieran sin el sol, la luna y las estrellas?".[4] Consideraremos su objeción en el siguiente capítulo.

En el siglo IV, San Agustín, quien escribió mucho acerca de Génesis, afirmó en su libro *La ciudad de Dios* que hallaba difíciles los días de Génesis 1: "de qué días se trata, es difícil, por no decir imposible de saber, y mucho menos explicar en palabras, qué significan".[5] En su famoso comentario *Sobre el significado literal de Génesis*, agregó: "Pero al menos sabemos que este [el día de Génesis] es diferente del día ordinario que nos es familiar". De hecho, San Agustín (como Filón antes que él) sostenía que Dios lo había creado todo en un instante, y que los días representaban una secuencia lógica para explicárnoslo.

Estos hombres no eran teóricos de salón. Algunos de ellos fueron torturados y martirizados por su fe; entre ellos, Justino Mártir (como indica su nombre), Ireneo y Orígenes. Obviamente, tampoco fueron influenciados por la ciencia contemporánea, como la geología y la biología evolutiva.

Solamente hemos dado algunos ejemplos en este breve sondeo; de ahí la importancia de añadir que el entendimiento de los días de

---

2. Ireneo, *Irenaeus Against Heresies*, libro V, en Alexander Roberts and James Donaldson, *Ante-Nicene Christian Library: Translations of the Writings of the Fathers down to A.D. 325*, vol. IX (Edimburgo: T&T Clark), 118.

3. Alexander Roberts and James Donaldson, *Ante-Nicene Christian Library: Translations of the Writings of the Gathers down to A.D. 325*, vol. II (Nueva York: Charles Scribner's Sons, 1899), 513.

4. G. W. Butterworth (tr.), *Origen on First Principles* (Gloucester: Peter Smith, 1973), 288.

5. Agustín, *The City of God: Writings of Saint Augustine*, vol. 14 (Ann Arbor: University of Michigan/Fathers of the Church, 1947), 196.

Génesis como días de 24 horas parece haber sido la opinión dominante durante muchos siglos.

Una de las mayores tensiones en el debate de los capítulos iniciales de Génesis se da entre quienes piensan que el autor deseaba que el libro se leyera como historia y quienes consideran que la intención del autor es expresar verdades atemporales a través de un lenguaje figurado y teológico.

Digo "los capítulos iniciales" ya que la impresión que da el resto del libro de Génesis es la de una narración histórica que describe el surgimiento de la nación hebrea de entre las naciones paganas del antiguo Cercano Oriente, y sigue su desarrollo cronológico a través de las historias familiares de Abraham, Isaac y Jacob. No es sorprendente, pues, que muchos argumenten lo mismo para los capítulos iniciales de Génesis, que forman claramente parte integral del libro. Sin lugar a dudas estos capítulos también dan la firme impresión de aludir a los acontecimientos, los lugares y las personas reales, al proporcionar una narrativa histórica desde la creación del mundo y los primeros humanos, pasando por el desarrollo y la extensión de la civilización, y hasta el momento del gran diluvio, del cual Noé y su familia fueron preservados para llegar a ser los progenitores de las naciones del antiguo Cercano Oriente Me parece que puede existir un peligro real en algunas partes si separáramos la teología de la historia.[6]

Génesis es, desde luego, un texto que nos llega de una época y una cultura muy diferentes de las nuestras. Procede del antiguo Cercano Oriente, de modo que no podemos limitarnos a leerlo como si fuera un documento occidental contemporáneo, escrito para tratar intereses occidentales contemporáneos.[7]

Esto suscita la pregunta: ¿En qué medida exacta está influenciado Génesis influido por la cultura en la que se escribió, y en qué sentido?[8] Esta pregunta puede dirigirse a cualquier parte de la Biblia, por supuesto. Quienes, como el presente autor, están convencidos de que la Escritura es la revelación de Dios, también son conscientes de que Dios usó a autores humanos, que escribieron en

---

6. Una discusión muy útil del tema aparece en C. John Collins, *Genesis 1–4: A Linguistic, Literary, and Theological Commentary* (Phillipsburg, NJ: P&R, 2006), 13ss.

7. En el apéndice A tratamos algún material relevante de los imperios antiguos que rodeaban a Egipto, Asiria y Mesopotamia.

8. En el apéndice B consideramos un ejemplo particularmente influyente del argumento respecto a que la cosmología de Génesis es culturalmente relativa.

términos de su propia cultura y entornos, a la vez que le transmitían la Palabra de Dios al mundo. Jesús contó parábolas relacionadas con la agricultura, la construcción y la pesca, no con fábricas, con la aviación o con la exploración de la selva. Y aun así, sus parábolas son accesibles para cualquier persona y edad. Lo mismo ocurre con Génesis. El conocimiento de la cultura del antiguo Cercano Oriente puede ayudarnos mucho, sin duda, pero las afirmaciones fundamentales de Génesis tienen esa cualidad atemporal que significa que puedan entenderse en el año 1000 a.C. o en el año 2000 d.C.

LAS PRINCIPALES OPINIONES SOBRE LOS DÍAS DE GÉNESIS

Hace ya algún tiempo que las dos interpretaciones de los días de Génesis (Tierra joven y Tierra antigua) se ha transformado en un espectro (con muchas variantes) que recorre las siguientes opiniones principales:[9]

La opinión de 24 horas	Los días son siete días de 24 horas, de una semana terrenal, hace unos 6000 años.
La opinión día-era	Los días están en orden cronológico, cada uno representa un período de tiempo de duración no especificada.
La opinión del esquema conceptual	Los días exponen un orden lógico, más que un orden cronológico.

Los significados de las opiniones 1 y 2 son claros; pero esbozaremos brevemente el contenido de la opinión 3. Aquí, la idea básica tiene que ver con la distinción entre dos clases de orden, a las cuales nos referimos antes, cuando observamos que Clemente y San Agustín pensaban que la secuencia de los días en Génesis era una secuencia lógica y no cronológica.

Una ilustración aclarará la diferencia. Si un constructor está describiendo cómo construyó su empresa un hospital, es probable que describa el proceso cronológicamente: "Cavamos un hoyo, colocamos

---

9. Para debates interactivos de las principales opiniones de representantes muy conocidos, ver David G. Hagopian, ed., *The Genesis Debate: Three Views on the Days of Creation* (Mission Viejo, CA: Crux Press, 2001), y J. P. Moreland and John Mark Reynolds, eds., *Three Views of Creation and Evolution* (Grand Rapids: Zondervan, 1999).

los cimientos, y luego pusimos la superestructura piso por piso. Sótano, estacionamiento para autos; planta baja, administración; primer piso, salas; segundo piso, quirófanos; tercer piso, más salas". Pero pídale al cirujano que describa la construcción del hospital y podría responder: "Pusimos el quirófano en el segundo piso y colocamos salas por encima y por debajo, en los pisos primero y tercero". Lógicamente, el cirujano describe el hospital desde su perspectiva, y no de forma cronológica. Estamos tan acostumbrados a estas cosas que las tenemos en cuenta automáticamente. No insistiríamos en comprender que el cirujano esté dando a entender que el quirófano apareció de repente en el aire, y que a continuación se construyeron las salas por debajo y por encima de este. Aun así, sabríamos que la descripción del cirujano es la de un hospital muy real y literal.

Para un ejemplo bíblico, compare el orden presentado en Génesis 1 con el de Isaías 45:12: "Yo hice la tierra y creé al hombre sobre ella. Yo extendí los cielos con mis manos, y di órdenes a todo su ejército". ¿Se le ocurriría a alguien deducir de Isaías que Dios creó la Tierra, luego a los humanos y, finalmente, los cielos? No lo creo. La descripción semipoética de Isaías no prioriza la cronología. De todos modos, deseo subrayar una vez más que Isaías está describiendo algo real, acontecimientos que ocurrieron de verdad; sin embargo, no los está relatando (del todo) en el orden que ocurrieron.

La tercera de las principales interpretaciones de nuestra lista, la opinión del esquema conceptual prioriza el orden lógico sobre el cronológico. Hace más de dos siglos, Johann Gottfried von Herder (1744–1803) sugirió que los días de Génesis forman un marco literario o artístico.[10] En esta opinión, los días 1 a 3 forman una tríada que corresponde a la formada por los días 4 a 6:

Día	Formación	Relleno	Día
1	Luz	Luminarias	4
2	Cielo/mares	Criaturas marinas/ criaturas aladas	5
3	Mares/tierra seca/ vegetación	Animales terrestres/ seres humanos	6

10. J. G. von Herder, *The Spirit of Hebrew Poetry*, trad. James Marsh (Burlington, Ontario: Edward Smith, 1833), 1:58. Ver también Gordon J. Wenham, *Genesis 1 – 15*, Word Biblical Commentary (Waco, TX: Word Books, 1987), 6–7. Ver también varias fuentes citadas en Hagopian, *The Genesis Debate*.

La primera tríada concierne el dar forma o estructura a lo que era inicialmente amorfo, y la segunda está relacionada con rellenar las formas recién creadas pero vacías. La luz fue, pues, creada en el día 1, y el día 4 nos habla de las luminarias: el sol, la luna y las estrellas. El cielo y los mares aparecen en el día 2, y en el día 5 se llena el mar de criaturas marinas y el cielo de criaturas aladas.

Se ha señalado que el paralelismo no es perfecto. Por ejemplo, las luminarias del cuarto día se colocan en el cielo, el cual se menciona por primera vez en el segundo día. De ahí que, si los días primero y cuarto fueron completamente paralelos, uno esperaría que el cielo se mencionara en el primer día. Asimismo, las criaturas marinas del día 5 pertenecen a los mares del día 3 o, en realidad, a la profundidad que se menciona justo al principio. De todos modos, el paralelismo es impresionante y, además, de un tipo que se encuentra en otras partes de la Escritura.[11]

Una variación adicional de la opinión 3 es la conocida como "la opinión del templo cósmico". Según John Walton, los días forman una secuencia cronológica de días de 24 horas, pero "no se presentan como el período de tiempo en el cual se generó el cosmos, sino el espacio de tiempo dedicado a la inauguración de las funciones del templo cósmico, y quizás su recreación anual".[12]

Respecto a la opinión del esquema conceptual, la existencia de paralelos entre los primeros y los segundos tres días no implica necesariamente, pues, que los días no forman una secuencia cronológica.[13] Después de todo, al nivel más simple, no puede haber plantas y animales en una tierra seca que todavía no existe. El comentario de Derek Kidner es pertinente: "La marcha de los días es un progreso demasiado majestuoso como para carecer de una implicación de una secuencia ordenada; parece también demasiado sutil adoptar una opinión sobre el pasaje que descarta una de las impresiones primarias que causa en el lector común".[14]

11. Ver David W. Gooding, *According to Luke* (Leicester, UK: Inter-Varsity, 1987).

12. John Walton, *The Lost World of Genesis One* (Downers Grove, IL: InterVarsity, 2009), 92. Para más detalles, ver el apéndice B.

13. El Dr. Peter Williams, experto en lenguas bíblicas y rector de la Casa Tyndale, Universidad de Cambridge también ha demostrado este punto. Para una explicación de si el uso de simetría literaria puede ser coherente con la historicidad, ver Gooding, *According to Luke*, 358.

14. Derek Kidner, *Genesis* (Leicester, UK: Tyndale Press, 1967), 54-55.

Exactamente. Por cierto, el que se atribuya a los días una secuencia numérica explícita, junto con la observación gramatical de que las formas verbales usadas en la narración son aquellas cuyo "uso ordinario en la narración consiste en denotar acontecimientos discretos y básicamente secuenciales",[15] constituyen un argumento firme en favor de pensar en una secuencia *cronológica* ordenada. La existencia del marco podría indicar, por tanto, que en el texto hay *más* de una secuencia ordenada: la secuencia y el marco no se excluyen necesariamente entre sí.

¿Qué deberíamos pensar, entonces, de las diferentes interpretaciones? Bien, lo primero que debemos observar es que son interpretaciones *diferentes* del mismo *texto*. Esto es obvio. Pero tiene una implicación muy importante, y es que necesitaremos pensar seriamente en *lo que el texto dice*, antes de tratar de decidir qué interpretación le da mayor sentido.

Ahora bien, esto resulta a veces más fácil de decir que de hacer, ya que todos aportamos ideas preconcebidas a la comprensión de cualquier texto. Sin embargo, la experiencia muestra que los problemas para interpretar un pasaje surgen, a menudo, de no ver exactamente lo que el texto declara, porque estamos impacientes por alcanzar su significado. Desde luego, en la práctica suele ser difícil esclarecer lo que pensamos que afirma el texto de lo que creemos que significa; pero de todos modos vale la pena mantener en mente la distinción mientras proseguimos. Si admitimos la inspiración de la Escritura, debemos tomarnos el texto en serio, porque la Escritura es la que es inspirada y no mi comprensión particular de ella, como indiqué antes. Una forma de hacerlo es tratar de leer Génesis 1 como si nunca antes lo hubiésemos leído.

Veamos ahora una tabla de contenido de la primera sección de Génesis, 1:1 a 2:3:

1. Afirmación concerniente a la creación de los cielos y de la Tierra: 1:1-2.
2. Seis días de la creación y actividad organizativa de Dios, que culminan en la creación de los seres humanos a su imagen: 1:3 a 2:1.
3. El séptimo día, día del reposo de Dios – Sabbat: 2:2-3.

15. Collins, *Genesis 1–4*, 74.

La impresión inicial e inequívoca es la de una secuencia crono-lógica de acontecimientos, que expone la más breve de las historias breves del tiempo. La narración comienza con un mundo "sin forma y vacío" (1:2). A continuación describe cómo habla Dios, y cómo mediante su Palabra creativa, día a día, paso a paso, moldea y llena el mundo, de modo que finalmente es apto para que lo habiten las criaturas que, de manera singular, son portadores de la imagen y de la semejanza de Dios: los seres humanos. Este movimiento hacia un objetivo concuerda con la afirmación posterior de Isaías respecto a que Dios no creó el mundo vacío, sino que lo creó para ser habita-do. Esto es, la vacuidad fue la etapa inicial, pero no la etapa final.[16] Hubo varias etapas para alcanzar el objetivo, cada una de ellas con-siderada buena por Dios, porque cada una de ellas había cumplido el propósito que Dios determinó para ellas.

En todas las épocas, los lectores de Génesis se familiarizarían con aquel ciclo más básico de la vida, la semana humana de trabajo. Sa-brían también cómo la ley de Dios en Éxodo se refería a la narración de la creación: "Acuérdate del día de reposo para santificarlo. Seis días trabajarás y harás toda tu obra, mas el séptimo día es día de re-poso para el SEÑOR tu Dios; no harás *en él* obra alguna, tú, ni tu hijo, ni tu hija, ni tu siervo, ni tu sierva, ni tu ganado, ni el extranjero que está contigo. Porque en seis días hizo el SEÑOR los cielos y la tierra, el mar y todo lo que en ellos hay, y reposó en el séptimo día; por tan-to, el SEÑOR bendijo el día de reposo y lo santificó". (Éx. 20:8-11). Los lectores reflexivos entenderían, por tanto, claramente lo siguiente: (1) Génesis 1 retrata a Dios como un artesano creativo que aborda su semana de trabajo, descansa cada noche del atardecer al amanecer, y después se toma un día de reposo al final. (2) Sin embargo, la obra de creación de Dios fue enormemente diferente del trabajo huma-no. Nosotros no hacemos las mismas cosas que Dios. De hecho, la palabra hebrea para "crear" (*bara*) solo se usa en la Biblia con Dios como sujeto. (3) El reposo humano no es lo mismo que el reposo de Dios. Dios no se fatiga como nosotros: Él "no se adormecerá ni dormirá" (Sal. 121:4). (4) La semana de la creación de Dios nunca se

16. Isaías 45:18. Esta es seguramente una forma más natural de interpretar el texto que entenderlo como si indicara que el estado "vacío" de la Tierra fue el resultado de una gran catástrofe que habría ocurrido, por así decirlo, entre los versículos 1 y 2 de Génesis 1. No hay indicación de que estar "sin forma y vacía" sea una cosa mala en sí misma.

repitió, mientras que la de los lectores sí. De modo que había puntos de contacto entre la semana de la creación de Dios y la semana de trabajo de los lectores, que ellos podían entender fácilmente, y había diferencias. Ellos podían ver que la semana humana de trabajo era similar a la de Dios, pero no idéntica. La pregunta ahora es: ¿cómo habían de entenderse los días de la semana de la creación de Dios?

EL SIGNIFICADO DE LA PALABRA "DÍA" EN GÉNESIS 1:1 a 2:4

1. La palabra hebrea *yom*, "día", se menciona primero en Génesis 1:5: "Y llamó Dios a la luz día, y a las tinieblas llamó noche". ¿Cuál es la lectura natural de esta afirmación? Aquí, "día" se contrapone a "noche", de modo que *no* se trata de un día de 24 horas, sino de "día" en el sentido de "luz diurna", aproximadamente 12 horas. Compárese con Juan 11:9, donde Jesús dice: "¿No hay doce horas en el día?".[17] La palabra para "día" en el griego del Nuevo Testamento y en español, como también en hebreo, tiene varios significados primarios, y "horas de luz diurna" es uno de ellos.

2. La segunda vez que aparece la palabra para "día", de nuevo en Génesis 1:5, es en el contexto que señala que el día uno incluye "atardecer y amanecer" y, por tanto, "día" se entendería entonces de forma natural en referencia a un día de 24 horas. De modo que ahora tenemos dos significados primarios para la palabra "día" en el mismo versículo.

3. La siguiente aparición de la palabra "día" a la que tenemos que prestar atención está en el relato del séptimo día, el Sabbat, en el cual Dios descansó de la obra de la creación. Aquí no hay mención de "la tarde y la mañana", como en e cada uno de los seis primeros días. La omisión es llamativa, y exige una explicación. Si, por ejemplo, preguntamos cuánto tiempo descansó Dios de su obra de la creación, como algo diferente de su obra de mantener el universo, entonces la sugerencia de San Agustín de que Dios santificó el séptimo día y que lo hizo en una era que se extiende hasta la eternidad, tiene sentido; y muchos comentaristas siguen esto. Por tanto, se puede afirmar que el séptimo día es diferente

---

17. Retornaremos al significado de esta afirmación en el capítulo 5.

de los seis primeros,[18] que son días de actividad creadora. La secuencia de días llega a su fin, y Dios descansa de la actividad de *creación*; y todavía sigue en su reposo hasta el día presente. Es decir, hoy estamos todavía en el reposo del Sabbat de Dios.[19] Sin embargo, Dios no está descansando de toda actividad. En particular, no reposa de la obra de sostener el universo ni de la obra de salvación y redención, como queda implícito en la afirmación de Cristo al ser acusado de quebrantar el Sabbat: "Hasta ahora mi Padre trabaja, y yo también trabajo". (Jn. 5:17).

Esta convicción de que el séptimo día del relato de Génesis es un largo período de tiempo, es la que lleva a algunos a pensar que los demás días pueden, de manera similar, ser largos siglos. No obstante, tal vez se necesite aquí un poco de cautela ya que, como acabamos de ver, el texto mismo contiene indicaciones de que el séptimo día es distinto a los otros seis.

4. Finalmente, en algunas traducciones de Génesis 2:4 nos encontramos con la expresión "Cuando Dios creó…". De hecho, la palabra "cuando" se usa para traducir el hebreo "en el día". Claramente, el autor no tiene aquí en mente un día de 24 horas, como tampoco lo tendría un anciano que afirmara: "En mis días, había muy pocos aeroplanos en el cielo". Él estaría usando la palabra "día" muy correctamente para describir un período de tiempo, y no un día concreto de una semana en particular. Podríamos comparar este uso de la palabra con expresiones como "el día del Señor" y "el último día", que se refieren evidentemente a períodos de una extensión indefinida y no a días de 24 horas.

La palabra "día" tiene, por tanto, varios significados diferentes en el breve texto de Génesis 1:1 a 2:4. Cada uno de ellos nos resulta familiar por su uso corriente. Son todos significados naturales, primarios, "literales", que se refieren cada uno a algo real y perfectamente comprensible.

Debería añadirse un punto gramatical adicional. En muchas versiones españolas de la Biblia, los días de Génesis se traducen como "*el* primer día, *el* segundo día", etc., cada uno con el artículo definido. Sin embargo, aunque el lenguaje hebreo posee un artículo definido

---

18. Esto es aceptado tanto por la opinión de día-era como la del esquema estructural.
19. Ver Hebreos 4:3-11.

(*ha*), no se utiliza en el original para calificar los días uno a cinco. Basilio, obispo de Cesarea en el siglo IV, pensaba que esto era significativo: "Si entonces el comienzo del tiempo es llamado «un día» en lugar de «el primer día», es porque la Escritura desea establecer su relación con la eternidad. Era, en realidad, apropiado y natural llamar «uno» al día cuyo carácter es el de ser uno totalmente separado y aislado de todos los demás".[20] Lo que es muy notable es el hecho adicional que me señaló el erudito del Antiguo Testamento, David Gooding: Aunque el artículo definido hebreo no se emplea con los primeros cinco días, *sí se usa para los días seis y siete*. Una mejor traducción sería, por tanto, "día uno, día dos... día cinco, *el* sexto día, *el* séptimo día".[21]

Estos son, pues, los hechos. La pregunta es: ¿cómo deberíamos interpretarlos?

LA NATURALEZA DE LA SEMANA DE LA CREACIÓN

En la estructura de tres partes de Génesis 1:1 a 2:3 arriba mencionada, el acto inicial de creación (Gn. 1:1-2) está separado de los seis días de la creación que le siguen. Usted hallará esta estructura, por ejemplo, en la sección de la Reina-Valera 1960. La razón es que existe un claro patrón para los días: cada uno comienza con la frase "Y dijo Dios" y termina con la afirmación "Y fue la tarde y fue la mañana, el día n°". Esto significa que, según el texto, el día 1 comienza en el versículo 3 y no en el versículo 1. Esto queda claro en el texto original, al estar el verbo "creó" en Génesis 1:1 tiempo perfecto, y "el uso normal del perfecto al comienzo mismo de una perícopa[22] sirve para denotar un acontecimiento que tuvo lugar antes de iniciarse la narración".[23] El uso del tiempo narrativo empieza en el versículo 3.

---

20. Basilio añade que "si la Escritura nos habla de muchos siglos, e indica por todas partes "siglos de los siglos", no vemos que las enumere como primero, segundo y tercero. Resulta que, de este modo, no se nos muestran tantos límites, finales y sucesiones de siglos, como distinciones entre diversos estados y modos de acción". P. Schaff y H. Wace, *A Select Library of Nicene and Post-Nicene Fathers of the Christian Church: St. Basil: Letters and Select Works*, vol. VIII, 2ª serie (Nueva York: Christian Literature Company, 1895), 64.

21. Esta es, según los eruditos, una traducción posible, aunque el hebreo no tiene un equivalente para el artículo indefinido español un/una.

22. Una palabra técnica para una sección o pasaje breve de un libro (del término griego "cortar alrededor").

23. Collins, *Genesis 1–4*, 51.

Esto implica que "el principio" de Génesis 1:1 no tuvo necesariamente lugar en el día 1, como se supone con frecuencia. La creación
inicial se produjo antes del día uno, pero Génesis no nos dice cuánto
tiempo antes. Esto significa que la cuestión de la edad de la Tierra
(y del universo) es una cuestión aparte de la interpretación de los
días, un punto que a menudo se pasa por alto. En otras palabras,
independientemente de cualesquiera consideraciones científicas, al
separar el texto de Génesis 1:1 el principio del día uno, deja indeterminada la edad del universo.

Por tanto, sería lógicamente posible creer que los días de Génesis
son de 24 horas (de una semana terrestre) *y* que el universo es muy
antiguo. Repito: esto no tiene nada que ver con la ciencia. Más bien,
guarda relación con lo que el texto afirma en realidad. Existe el peligro de entender que el texto declara menos de lo que dice, pero
también lo hay en intentar que afirme más.

La situación está comenzando, pues, a parecer similar a la de la
controversia de la Tierra fija. Allí vimos que, aunque se podría entender que la Escritura enseña que la Tierra no se mueve, esta no es
la única interpretación lógicamente posible. Aquí vemos que, aunque sería posible suponer que la Escritura enseña que la Tierra es
joven, no se debe interpretar de esta forma.

En cuanto a los días mismos. Si estuviéramos enumerando los
días de una semana terrestre normal (en español), sin duda ante-
pondríamos a cada uno el artículo definido o bien omitiríamos del
todo los artículos. No quitaríamos, como hace Génesis, el artículo
(definido) de los primeros cinco días para después añadirlo a los
dos últimos. La presencia del artículo indica que los dos días finales
son especiales: en el sexto día fueron hechos los seres humanos a
imagen de Dios, y en el séptimo día Dios descansa, una vez comple-
tada su obra.

Esta cuestión de gramática también puede ser para nosotros una
señal de que el texto es bastante más complejo de lo que podríamos
haber pensado al principio. En particular, se supone a menudo que
el escritor de Génesis quería que tomásemos los días como los siete días de una semana terrestre (como en la opinión de 24 horas)
o como siete períodos de tiempo de una extensión indeterminada
(como en la opinión día-era), *o* como un marco lógico destinado a
ayudarnos a visualizar la creación (como en la opinión del esquema conceptual).

No obstante, existe otra posibilidad: que el escritor no deseara que pensáramos en los seis primeros días como días de una única semana terrestre, sino más bien como una secuencia de seis día de *creación*; es decir, días de una extensión normal (con tardes y mañanas como dice el texto) en los cuales Dios actuó para crear algo nuevo, pero días que bien podrían haber estado separados entre sí por largos períodos de tiempo.[24] Ya hemos visto que Génesis separa la creación inicial., "el principio", de la secuencia de días. Lo que ahora sugerimos es, además, que los días individuales bien podrían haber estado separados unos de otros durante períodos de tiempo no especificados.

Al oír esto por vez primera, algunos de mis lectores reaccionarán negativamente: "¿Pero no es esto demasiado rebuscado? ¿Seguramente va en contra de la lectura natural, clara y directa del texto? En todo caso, ¿no es evidente que ningún lector de los tiempos antiguos habría pensado jamás en esto?

Entiendo muy bien esta objeción, ya que también se me ha ocurrido a mí; pero espero que, ya que usted ha sido tan amable de acompañarme hasta aquí, extienda su generosidad para oírme, y reserve su juicio hasta llegar al final de la exposición.

Estamos considerando la idea de que los seis días comprenden una secuencia de actos creadores, cada uno de los cuales involucró al menos un fíat creativo[25] introducido por la frase "Y dijo Dios". Esto nos ayuda a entender lo que el Nuevo Testamento quiere decir que todas las cosas fueron hechas por la palabra de Dios. En cada etapa de la creación Dios inyectó un nuevo nivel de información y energía en el cosmos, para hacer progresar la creación a su siguiente nivel de forma y de complejidad.[26] En esta opinión, los seis días de la creación mismos pueden muy bien haber sido, pues, días de una extensión normal, espaciados por intervalos durante todo el período de tiempo que Dios se tomó para completar su obra. La ejecución

24. Una variante de esta opinión es la de Robert Newman y Herman Ecklemann, quienes sugieren que cada día inicia un nuevo período creativo (*Genesis One and the Origin of the Earth* [Leicester, UK: Inter-Varsity Press, 1977], 64-65). Ver también el capítulo de Newman "Progressive Creationism," en J. P. Moreland y John Mark Reynolds, eds., *Three Views on Creation and Evolution* (Grand Rapids: Zondervan, 1999), 105-133.

25. *Fiat* es el latín para "Hágase" como en *Fiat Lux*, que significa "Hágase la luz". En los días tres y seis aparecen más de una de estas expresiones.

26. Observe que esto es muy diferente de lo sugerido por la teoría evolucionista convencional. Ver el apéndice E y también Lennox, *God's Undertaker*, para más detalles.

del potencial de cada fíat creador ocuparía un período de tiempo no especificado después de ese día de creación en particular.

Una consecuencia de esto es que esperaríamos hallar lo que los geólogos nos informan que encontramos: pruebas fósiles que revelan la aparición súbita de nuevos niveles de complejidad, seguidos por períodos durante los cuales no hubo más creación (en el sentido de que Dios pronunciara palabras para inaugurar algo radicalmente nuevo).[27]

El lector se habrá percatado de que esta opinión contiene elementos de cada una de las tres interpretaciones dominantes, pero difieren entre sí en aspectos particulares. No ve dificultad alguna en que los seis días de la creación fueran días normales, como en la opinión de 24 horas, pero discrepa en que sea una única semana terrestre. Acepta la interpretación común de las opiniones día-era y de esquema estructural del séptimo día como un extenso período de tiempo, pero difiere de esas opiniones en el caso de los seis primeros días, y sostiene que cada uno de los días de la creación *inaugura* un período de ejecución, pero no es coincidente con el mismo. Acepta los paralelismos básicos entre la primera y la segunda tríada de días, como en la opinión esquema estructural, pero difiere de ella en que no supone que dichos paralelismos descarten una cronología implicada por la sucesión de días, particularmente con respecto a los días 1 y 4 (ver más abajo para la explicación del día 4).

Alan Hayward[28] ha sugerido una variante interesante de este tema, basada en el uso común del paréntesis en la literatura en general, y en la Biblia en particular. Los paréntesis sirven para insertar un pensamiento separado, secundario, en un pasaje o en una oración, de modo que tengan pleno sentido al leerlos sin la observación parentética. He aquí un ejemplo del Nuevo Testamento: "Por aquel tiempo Pedro se puso de pie en medio de los hermanos (un grupo como de ciento veinte personas estaba reunido allí) y dijo…" (Hch. 1:15).[29] Normalmente indicamos los paréntesis con marcas (corchetes o signos de paréntesis), guiones o comillas para las citas, ninguno de los cuales existían en los tiempos bíblicos, aunque

---

27. Los procesos microevolutivos del tipo no controvertido que observamos habrían sido parte del período de ejecución y de establecimiento, después de cada día de creación.

28. Alan Hayward, *Creation and Evolution* (Londres: SPCK, 1987), 169.

29. Ver también el paréntesis más extenso formado en Hechos 1:18-19.

los traductores los han insertado a menudo, como por ejemplo en Génesis 2:5-7.

Hayward sugiere que cada uno de los seis primeros días de Génesis involucra un paréntesis. Desde este punto de vista, y con signos de paréntesis como aclaración, el día 1 se leería, por ejemplo, así: "Entonces dijo Dios: Sea la luz. (Y hubo luz. Y vio Dios que la luz *era* buena; y separó Dios la luz de las tinieblas. Y llamó Dios a la luz día, y a las tinieblas llamó noche). Y fue la tarde y fue la mañana: un día" (Gn. 1: 3-5). Según este enfoque, Génesis 1:3-5 es "básicamente un relato de los grandes fíats creadores que fueron proferidos durante los seis días (presumiblemente literales y consecutivos). Inserta en esta narración primaria hay toda una serie de paréntesis que describe el cumplimiento subsiguiente de los fíats, cuya ejecución pudo haberse producido, desde luego, durante cualquier cantidad de tiempo. Los fíats de Dios se pronuncian con rapidez, pero obran lentamente".[30]

Hayward prosigue y argumenta que esta interpretación nos ayuda a entender por qué los días de la creación parecen estar dispuestos de una manera formal (como en la opinión del esquema estructural). También explica por qué el orden de los acontecimientos, tal como se registran en Génesis, guarda similitud con el orden deducido del registro fósil, aunque sin ser idéntico a este: "La similitud general se debe a que los procesos creadores se iniciaron presumiblemente en un orden muy parecido al de los fíats diarios. Las discrepancias se deben a que tales procesos creativos requirieron extensiones variables de tiempo para completarse, de modo que se produciría mucha superposición entre los períodos de creación activa".[31]

Puedo imaginarme a alguien que interrumpa en este punto: "Pero seguramente la respuesta es mucho más simple que esto, y usted ya se ha referido a ella cuando citó la ley que dice: «Seis días trabajarás y harás toda tu obra, mas el séptimo día es día de reposo para el SEÑOR tu Dios... Porque en seis días hizo el SEÑOR los cielos y la tierra, el mar y todo lo que en ellos hay, y reposó en el séptimo día" (Éx. 20:9-11). De aquí que los días deban de ser, sin duda. los de una sola semana terrestre".

---

30. Hayward, *Creation and Evolution*, 170-171.
31. *Ibid.*, 176-77.

Sí, pero cuando mencioné esta declaración de la ley, señalé que no solamente había similitudes entre la semana de la creación de Dios y nuestra semana laboral, sino también obvias diferencias. La semana de Dios transcurrió una sola vez; la nuestra se repite. La actividad creadora de Dios es muy distinta de la nuestra; Dios no necesita descanso como lo necesitamos nosotros; etc. De modo que no es posible trazar líneas rectas desde Génesis hasta nuestra semana laboral. La semana de Dios es un patrón para la nuestra, pero no es idéntica. Así que Éxodo 20: 8-11 no *exige* que los días de Génesis 1 sean los días de una única semana, aunque podrían, desde luego, interpretarse de esa forma.

A la luz de esto, C. John Collins ha sugerido otra forma de considerar los días, que él denomina "opinión de los días analógicos", una punto de vista que "toma la palabra [*día*] en su significado ordinario, pero lo aplica de forma analógica". Él añade: "Esto es exactamente lo que hacemos nosotros con otros términos analógicos como «los ojos del Señor»; no necesitamos una nueva acepción para «ojo» en el diccionario; empleamos el significado corriente y lo aplicamos por analogía a Dios".[32]

Sería un error, por supuesto, exagerar las diferencias entre algunas de las opiniones mencionadas en este capítulo. Ninguna doctrina principal de la Escritura se ve afectada porque uno crea que los días son días analógicos, que cada día es un extenso período de tiempo inaugurado por la palabra de Dios, o que cada uno de los días es un día normal en el que Dios habló, seguido de un largo período para poner en efecto la información contenida en los pronunciamientos de Dios en ese día particular.[33]

EL PROBLEMÁTICO CUARTO DÍA

Recordamos más arriba la objeción que hizo Orígenes hace mucho, de la que muchos se hacen eco hoy. Si hay una dimensión cronológica en los días, ¿cómo es que el sol fue *creado* el día 4? "Entonces dijo Dios: Haya lumbreras en la expansión de los cielos para separar el día de la noche, y sean para señales y para estaciones y para días y

---

32. C. John Collins, *Science and Faith* (Wheaton: Crossway, 2003), 95.
33. Es decir, a menos que uno piense, como algunos, que la extensión del día es en sí misma una de esas doctrinas principales.

para años; y sean por luminarias en la expansión de los cielos para alumbrar sobre la tierra. Y fue así". (Gn. 1: 14-15).

Si el texto significa que el sol comenzó a existir en el día 4, la pregunta de Orígenes era muy razonable: "Si el sol aún no estaba allí, ¿cómo hemos de entender los primeros tres días con sus «tardes y mañanas»?". La palabra "día" no tiene un sentido obvio en ausencia del sol y de la rotación terrestre en torno a él. Para vencer esta dificultad, algunos han postulado la existencia de una fuente de luz no solar que funcionó durante los tres primeros días. Sin embargo, aparte de que esto dejaría aún sin definir los tres primeros "días", no sabemos nada acerca de tal fuente de luz ni a través de la Escritura ni por la ciencia.

La alternativa lógica es que el sol existía al principio de la semana de Génesis, y que el relato del día 4 ha de leerse a la luz de ese hecho. Una sugerencia es que en el día 4 el sol, la luna y las estrellas *aparecieron* como luces distinguibles en el cielo, cuando se disipó la cubierta de nubes que las había escondido.[34]

No obstante, desde una perspectiva lingüística, C. John Collins sugiere una tercera posibilidad: "El verbo «hizo» en Génesis 1:16 no significa específicamente «crear»; puede referirse a eso, pero también a «trabajar en algo que ya está allí» (de aquí la lectura marginal en la ESV*) o incluso a «disponerlo»".[35] Por cierto, esta interpretación concuerda bien con la explicación dada en el versículo inmediatamente posterior de la función del sol y la luna como luces visibles en el cielo. Es decir, que el versículo indica que Dios dispuso el papel del sol y de la luna en el cosmos, y que no se refiere a su creación ni a su aparición.[36]

La opinión del esquema estructural se ocupa del problema de interpretación de Orígenes, y sugiere que el día 4 cubre exactamente

---

34. Hugh Ross, entre otros, ha hecho esta sugerencia en *The Genesis Question*, 2nd expanded ed. (Colorado Springs: Navpress, 2001), 43. En esta opinión, la Tierra comenzó siendo caliente (como en el modelo de física estándar del Hot Big Bang [El modelo caliente de la Gran explosión) y, así, aunque el sol existió desde el comienzo, no habría sido visible desde la Tierra hasta que ésta se hubiera enfriado lo suficiente como para permitir que la cubierta de nubes se atenuase y se abriese. Un observador haría podido ver la luz del sol, pero no su fuente. Además, no es necesario que el sol sea visible para que su luz y su calor faciliten el mantenimiento de los procesos vitales.
* Versión inglesa *English Standard Version* (nota del traductor).
35. Collins, *Science and Faith*, 57.
36. Una idea firmemente enfatizada en la opinión del templo cósmico de Walton.

el mismo terreno que el día 1, pero desde una perspectiva diferente. En el día 1 se dice: "y separó Dios la luz de las tinieblas. Y llamó Dios a la luz día, y a las tinieblas llamó noche" (1:4-5). En el día 4 Dios dice: "Haya lumbreras en la expansión de los cielos para separar el día de la noche... E hizo Dios las dos grandes lumbreras" (1:14-16). Así, en la opinión del esquema estructural, el día 4 no sigue cronológicamente al día 1, sino que lo repasa con detalles sobre cómo separó Dios el día de la noche por medio del sol y la luna. Un problema obvio en esto es que efectivamente reduce el número de días a tres en lugar de seis de una forma bastante poco natural, que arruina el paralelo con la semana laboral humana de Éxodo 20:9-11.

En todo caso, que varios Padres de la iglesia primitiva tuvieran dificultades con la interpretación del texto debería proporcionarnos algún consuelo y, además, mostrarnos que no todas las dificultades son generadas por la ciencia moderna, sino que surgen del serio intento de comprender el texto mismo.

UNA OBJECIÓN COMÚN

Finalmente, no me he olvidado de la objeción común a lo que he estado exponiendo en este capítulo: que es artificioso subordinar la Escritura a la ciencia, ya que nadie en el mundo antiguo podría haber llegado a estas complejas interpretaciones.

Esta es una objeción muy razonable, y me la tomo en serio. Como mínimo, el segundo punto está claramente justificado. Permítaseme responder indicando primero que lo que he tratado de hacer hasta aquí es ver lo que el texto de Génesis declara efectivamente, independientemente de cualesquiera consideraciones científicas, y a la luz de esto considerar posibles interpretaciones.

Si usted argumenta que parecen forzadas para encajar con la ciencia, yo señalaría que no es la primera vez que ha surgido tal cuestionamiento. De hecho, por esa misma razón escribí el capítulo 1. Allí vimos que el mismo tipo de problema surgió hace medio milenio, no en relación con la edad de la Tierra ni de los días de Génesis, sino con el movimiento de la Tierra.

En aquel capítulo descubrimos que entender los cimientos y los pilares de la Tierra como alusión a la estabilidad de esta no es una postura de transigencia, sino una comprensión perfectamente razonable que no socava la autoridad de la Escritura, aunque esta interpretación se base en el (nuevo) conocimiento científico.

Lo que necesitamos captar es que esta es una forma perfectamente normal de abordar tales asuntos. Todos la usamos a diario. Por ejemplo, antes explicamos la interpretación de la afirmación "el auto está volando por la carretera" y la afirmación de Jesús "yo soy la puerta". ¿Qué es lo que nos ayuda a entender que ambas afirmaciones han de tomarse de manera metafórica y no literalística? Es nuestra experiencia del mundo. Lo hacemos de un modo tan habitual, por supuesto, que no solemos ser conscientes de ello. Implica, en esencia, un simple cotejo con la realidad: ¿tiene sentido nuestra interpretación en el mundo real? Así, al considerar la ciencia de un modo informal, como el conocimiento organizado inferido de la experiencia del mundo que nos rodea, vemos que ella nos ayuda a decidir qué significado elegir en ambos ejemplos citados.

Esto nos ayuda a contestar a la objeción de que debemos interpretar los días de Génesis como días de 24 horas de una sola semana terrestre, ya que esto es lo que la mayoría de la gente pensó por siglos. Si aplicáramos esa clase de razonamiento a la interpretación de los cimientos y los pilares de la Tierra, todavía seguiríamos insistiendo en que no se mueve. Sin embargo, nunca he encontrado a un creacionista de la Tierra joven que piense de esa manera. Lo que aprendemos de esto es que, sencillamente, no es adecuado elegir una interpretación basándonos tan solo en preguntar cuánta gente sostuvo esta interpretación, y por cuánto tiempo.[37] Uno tiene que preguntarse por qué lo entendieron así en aquel tiempo, y si existen razones convincentes para cambiar dicha explicación. En el caso del movimiento de la Tierra había razones, que ahora son claras y están establecidas, para cambiar dicho entendimiento. La lección para nosotros es que debemos estar preparados para aplicar la misma clase de pensamiento a la edad de la Tierra.

El siguiente comentario, de un destacado creacionista de la Tierra joven sobre la controversia de la Tierra móvil es digno de consideración: "La iglesia solo debería haber abandonado semejante postura cuando esta se tornó «imposible» matemática y observacionalmente. Y, de hecho, es lo que hizo. El creacionismo de la Tierra

---

37. Aunque, desde luego, siempre es importante tener en cuenta lo que la gente ha pensado en otros tiempos.

joven no necesita, por tanto, abrazar una hermenéutica bíblica dogmática ni estática. Debe estar dispuesto a cambiar y a admitir errores. En estos momentos podemos admitir que, como creacionistas recientes, defendemos un relato bíblico muy natural, a expensas de abandonar una imagen científica muy plausible de un cosmos «antiguo». *Pero, a largo plazo, esta no es una postura sostenible.* En nuestra opinión, el creacionismo de la Tierra antigua combina una interpretación textual menos natural con una visión científica mucho más plausible... Por el momento, esta parecería la postura más racional.[38]

El principal planteamiento de mi argumento hasta aquí es, por tanto, que hay una forma de entender Génesis 1 que no compromete la autoridad ni primacía de la Escritura y que, al mismo tiempo, tiene en cuenta nuestro mayor conocimiento del universo, como nos sugiere la Escritura misma (Ro. 1:19-20).

Sin embargo, algunos de mis lectores objetarán que no he mencionado los problemas teológicos vinculados con creer en una Tierra antigua, cuestiones que no surgen tanto en Génesis 1, sino en los capítulos siguientes. Tienen mucha razón. En particular, todavía no he tratado el tema de la entrada de la muerte al mundo. Ahora debemos considerar este importante tema en el contexto de lo que declara Génesis acerca del origen de la humanidad.

---

38. Moreland y Reynolds, *Three Views of Creation and Evolution*, 73. Yo mismo no estoy convencido de que la interpretación de la Tierra antigua sea menos natural que la de la Tierra joven, si estamos pensando simplemente en términos de la edad de la Tierra. La razón para esto es que, según vimos antes en este capítulo, como el texto de Génesis 1 separa la creación inicial del día primero, la edad de la Tierra es un tema lógicamente aparte de la naturaleza de los días.

CAPÍTULO 4
Los seres humanos: ¿una creación especial?

Hay probablemente más controversia hoy sobre el origen de los seres humanos que sobre el origen del universo; de modo que ninguna explicación sobre la semana de la creación estaría completa sin decir algo acerca del origen de la humanidad. Después de todo, la producción de los seres humanos es el pináculo de la actividad creadora de Dios, y tiene una profunda significación para nuestra comprensión de lo que somos nosotros y nuestros semejantes, varones y mujeres. Génesis afirma que los seres humanos son especiales: "Creó, pues, Dios al hombre a imagen suya, a imagen de Dios lo creó; varón y hembra los creó". (Gn. 1:27).

Jesús mismo puso el sello de su autoridad divina sobre la creación de la humanidad. En su discusión con los fariseos acerca del matrimonio y el divorcio, preguntó: "¿No habéis leído que aquel que los creó, desde el principio los hizo varón y hembra?" y añadió: "Por esta razón el hombre dejará a su padre y a su madre y se unirá a su mujer, y los dos serán una sola carne?" (Mt. 19:4-6; ver también Marcos 10:6-9). Jesús llamó la atención sobre el hecho de que estas fueron las palabras precisas del Creador mismo: "Aquel que los creó... *añadió*".

Este es un recordatorio inmensamente importante del valor, de hecho la santidad, del vínculo matrimonial en un mundo que es cada vez más culpable de devaluarlo. Nosotros, hombres y mujeres, necesitamos con urgencia atender esta voz de Génesis para evitar la desintegración de nuestra estructura social. Por siglos, en Occidente al menos, esta enseñanza bíblica ha sido el fundamento de los valores morales, de la legislación y de los derechos humanos; pero está sometida a un ataque creciente, no solo por parte de los científicos, sino también por destacados especialistas en ética que se basan en lo que afirman los científicos. Por ejemplo, Peter Singer, de la Universidad de Princeton, uno de los más influyentes especialistas en ética contemporáneos, escribe:

Cualquiera que sea el futuro, es probable que resulte imposible restaurar plenamente la opinión de la santidad de la vida. Los fundamentos filosóficos de esta opinión han sido derribados. Ya no podemos basar nuestra ética sobre la idea de que los seres humanos son una forma especial de creación hecha a la imagen de Dios, separada de todos los demás animales, y única poseedora de un alma inmortal. Nuestra mejor comprensión de nuestra propia naturaleza ha salvado el abismo que alguna vez se pensó que existía entre nosotros y otras especies, de modo que ¿por qué hemos de creer que el mero hecho de que un ser sea miembro de la especie *Homo sapiens* dota a su vida de algún valor único, casi infinito?[1]

En un sentido similar, John Gray, Profesor Emérito de Historia del Pensamiento Europeo en la Escuela de Economía de Londres, dice que en los últimos doscientos años la filosofía "no ha renunciado al error cardinal del cristianismo: la creencia de que los humanos son radicalmente diferentes de otros animales".[2]

La presunta base científica de esto es, desde luego, la teoría de la evolución. De aquí que los argumentos éticos dependan no solamente de la validez y del alcance de la teoría evolucionista en términos biológicos, sino también de la validez de las extrapolaciones y las deducciones filosóficas a partir de ella.[3] Deseo comentar aquí el punto de vista bíblico y sus implicaciones en este sentido.

De toda la creación, solamente los humanos son hechos a la imagen de Dios. "Los cielos proclaman la gloria de Dios" (Sal. 19:1) y no hay nada como una noche bajo el magnífico dosel de las estrellas, en alguna parte remota del campo libre de la polución lumínica, para convencerlo a uno de esto (especialmente si uno tiene un telescopio o binoculares). Sin embargo, nunca leemos en la Escritura que los cielos lleven la imagen de Dios. Solamente los humanos lo hacen.

Génesis no niega lo que la química nos confirma: que toda vida tiene un substrato material de elementos comunes. En Génesis 1:11 este hecho está implícito en el caso de la vegetación y de los animales: "Produzca la tierra vegetación"; y también en 1:24: "Produzca

---

1. Peter Singer, "Sanctity of Life or Quality of Life?" *Pediatrics* 72, no.1 (julio 1983): 128-129.
2. John Gray, *Straw Dogs* (Londres: Granta Books, 2003), 37.
3. Para mayor detalle sobre estos temas, refiero al lector una vez más a Lennox, *God's Undertaker*.

la tierra seres vivientes". En Génesis 2:7 se afirma explícitamente sobre los humanos: "el Señor Dios formó al hombre del polvo de la tierra y sopló en su nariz el aliento de vida; y fue el hombre un ser viviente". Por tanto, Génesis afirma que la vida (humana) tiene una base química, pero Génesis rechaza el añadido reduccionista del materialismo: que la vida no es nada más que química.

Más aún, al decir que Dios hizo al hombre del polvo del suelo, Génesis parece estar saliéndose de su camino para implicar un acto creador especial directo, en lugar de sugerir que los seres humanos surgieron ya sea de procesos naturales, o por una actividad especial de Dios, de homínidos preexistentes o, de hecho, de agricultores neolíticos.[4]

El Nuevo Testamento apoya esta comprensión de una creación especial del hombre. Primeramente, la genealogía[5] de Jesús proporcionada por Lucas sigue remontándose hasta "Adán, (hijo) de Dios" (Lc. 3:38). Segundo, Jesús, en su famoso discurso sobre el matrimonio, dice: "Pero desde el principio de la creación, Dios los hizo varón y hembra" (Mr. 10:6). Tercero, Pablo menciona explícitamente que el hombre fue hecho del polvo de la tierra: "El primer hombre era de la tierra, terrenal; el segundo hombre es del cielo" (1 Co. 15:47).

Ya hemos notado que la amplia brecha entre la materia inorgánica y orgánica se subraya en Génesis por el hecho de que en el día 3 Dios habló dos veces. Este distintivo también caracteriza al día 6, cuando Dios también habla más de una vez: la primera vez para decir "Produzca la tierra seres vivientes...", y la segunda "Hagamos al hombre...".

Esta repetición, seguramente deliberada, es un claro indicador de que, según Génesis, uno no puede cruzar la brecha entre lo inerte y la vida ni la brecha entre los animales y los seres humanos, por procesos naturales no guiados. Dios tiene que pronunciar su Palabra creadora en ambos casos. Sin Dios no habla, hay una discontinuidad insalvable. La imagen de Dios en el hombre no se produjo como resultado de la materia ciega que titubeaba en su camino no guiado por miríadas de permutaciones distintas. De modo que Génesis desafía la afirmación fundamental del ateísmo, de que la vida

---

4. Ver la siguiente sección, más abajo.
5. Para comentarios sobre las genealogías de la Biblia y la antigüedad de los humanos, ver más abajo.

humana ha aparecido sin la actividad de la mente de Dios, de forma que no hay nada especial acerca de los seres humanos. ¡Me siento tentado a añadir que parecería que el escritor de Génesis previó el debate contemporáneo!

La diferencia entre animales y humanos queda subrayada por el hecho de que Dios les asignó a los humanos la responsabilidad de la administración "sobre" los animales (Gn. 1:26). Finalmente, esa diferencia es también el foco en Génesis 2:18-24, donde la forma en la que está estructurada la narración muestra que el ponerle nombre a los animales ha de leerse en el contexto de hallar una ayuda para Adán. Aquí, la lección es que no había un ayudador apropiado (o correspondiente) para Adán entre las muchas especies animales que existían entonces (por tanto, cabe notar, incluidos los homínidos no humanos). Es interesante que la primera lección que se le enseñó a Adán, según la Biblia, es que él era fundamentalmente diferente de *todas* las demás criaturas.

Además, el sentido principal[6] del relato de Génesis de la creación de la mujer a partir del hombre parece proporcionar poco apoyo a la sugerencia, hecha, entre otros, por el biólogo Denis Alexander, de que no solo había millones de otros humanos en ese tiempo, sino también que Eva era uno de ellos.[7] Alexander no niega la historicidad de Adán y Eva (como otros lo hacen). No obstante, es la naturaleza de su entendimiento histórico lo que encuentro difícil de cuadrar con el relato bíblico. Su modelo preferido de acontecimientos (llamado Modelo C) es que Adán y Eva fueron dos de los millones de agricultores neolíticos producidos por el proceso evolutivo. Dios escogió a esos dos "para iniciar su nueva familia espiritual en la tierra, que consiste de todos los que ponen su confianza en Dios por medio de la fe, expresada en la obediencia a su voluntad".[8] No hay dimensión física en esta forma de entender el relato de la creación de Génesis: "Así como puedo salir por las calles de Cambridge hoy y no tener ni idea, con solo mirar a las personas, todas ellas

---

6. Como diferente del detalle sobre qué involucró precisamente la creación de la mujer, pero note que Pablo dice explícitamente que "Adán fue creado primero, después Eva" (1 Ti. 2:13) y que "el hombre no procede de la mujer, sino la mujer del hombre" (1 Co. 11:8).

7. Denis Alexander, *Creation or Evolution: Do We Have to Choose?* (Oxford: Monarch, 2008), 236ss.

8. *Ibid.*, 237.

miembros de la especie *Homo sapiens*, de cuáles están espiritualmente vivas, tampoco en el Modelo C había forma física de distinguir entre Adán y Eva y sus contemporáneos. Es un modelo de la vida espiritual, de los mandamientos y de las responsabilidades reveladas, no de la genética".[9]

Leemos muchas veces en Génesis, como también en el resto de la Biblia, que Dios escoge revelarse a sí mismo espiritualmente a los seres humanos en una forma especial, a Noé, Abraham, Isaac y Jacob, por ejemplo. Sin embargo, cuando Génesis habla de que Dios se revela a los seres humanos, usa el lenguaje apropiado. Por ejemplo, "El Señor se le apareció a Abraham".[10] El relato de la creación no emplea tal lenguaje; pues Génesis 1 y 2 no está hablando de que Dios se esté revelando a seres humanos que ya existían, sino que más bien explicaba cómo esos seres humanos llegaron a existir en primer lugar. El texto no está describiendo el llamamiento de seres humanos existentes a la comunión con Dios, sino que afirma cómo creó Dios físicamente a los seres humanos del polvo de la tierra para tener comunión con él. Además, la narración de Génesis hace evidente que Adán y Eva no necesitaban ser llamados a la comunión con Dios al comienzo: estaban en relación con él desde el principio. Fue el pecado de ellos lo que interrumpió la comunión.

Alexander prosigue: "El texto de Génesis 1 deja claro que toda la humanidad sin excepción es hecha a la imagen de Dios, incluidos ciertamente todos los demás millones de personas vivas en el mundo, en tiempos neolíticos y desde entonces".[11] No obstante, si todos los seres humanos que estaban vivos antes y durante el tiempo de Adán y Eva llevaban la imagen de Dios, entonces el relato de la creación de los seres humanos "a la imagen de Dios" registrado en Génesis 1 es muy diferente de la historia de Adán y Eva en Génesis 2 y, de hecho, debería de haber ocurrido mucho tiempo antes.

¿Cuál fue, pues, aquel acontecimiento que confirió la imagen de Dios a toda la humanidad? ¿Y a qué se refiere Alexander cuando dice que Génesis 2 ubica "la creación de *adam* al principio de la creación"?[12] Su interpretación se torna aún más difícil de seguir

---

9. *Ibid.*, 237-238.
10. Génesis 17:1; 18:1.
11. Alexander, *Creation or Evolution*, 238.
12. *Ibid.*, 193.

cuando colocamos la afirmación *"ni* había hombre para *labrar la tierra"* (Gn. 2:5; énfasis añadido), a la par de su sugerencia de que había millones de *agricultores* neolíticos que existían en ese tiempo.

Alexander también afirma: "Las creencias religiosas existían antes de este tiempo, mientras la *gente* buscaba a Dios o a los dioses en diferentes partes del mundo".[13] Yo presumo que Alexander piensa que esta gente eran seres morales (de otro modo no serían plenamente humanos). De ser así, es difícil de imaginar que no había pecado ni muerte humanos en el mundo en el tiempo previo al que Dios eligió para revelarse a una pareja en particular. Entonces, se torna difícil hallarle sentido a la enseñanza bíblica de que "tal como el pecado entró en el mundo por un hombre, y la muerte por el pecado, así también la muerte se extendió a todos los hombres" (Ro. 5:12). ¿Cómo, por ejemplo, podría el pecado del agricultor elegido, Adán, causar la muerte de aquellos humanos que habían existido antes que él? ¿Seguramente es crucial para la teología de la salvación que Adán fuera el primer miembro real de una raza humana físicamente distinta de todas las criaturas que lo precedieron?

Además, en una de las curiosas ironías de la teoría evolucionista, Alexander argumenta que la evolución humana se ha detenido.[14] ¿No podría ser que la verdadera situación fuera que nunca había comenzado, que los seres humanos fueron una creación directa de Dios?[15]

Para el cristiano, otra consideración influye en esta cuestión de la unicidad de los seres humanos. La afirmación central del cristianismo es "el Verbo se hizo carne y habitó entre nosotros" (Jn. 1:14). Dios se codificó a sí mismo en humanidad. Él devino un hombre. Es indiscutible que este es el acontecimiento sobrenatural central de la historia, una acción directa de Dios de relevancia inimaginable.

A la luz del milagro de la encarnación, no encuentro dificultad en creer que la raza humana misma comenzara —es más, tenía que comenzar— con una intervención sobrenatural. La ciencia tampoco

---

13. Alexander, *Creation or Evolution*, 237.

14. Ver, por ejemplo, Alexander, *Creation or Evolution*, 232.

15. En relación con el hecho obvio de que hay variaciones en los seres humanos, es destacable que Pablo informe a los filósofos de Atenas que Dios hizo todas las naciones a partir de un solo hombre (Hch. 17:26).

puede descartar esa posibilidad.[16] Lo que la ciencia puede decirnos acerca de los seres humanos, sin embargo, es lo que nos puede decir sobre el universo: que ellos también tuvieron un comienzo. Lo que la encarnación declara es que los seres humanos son únicos, creados de tal manera que Dios mismo pudo convertirse en uno de ellos.

LA ANTIGÜEDAD DE LA HUMANIDAD

Nos referimos antes a los cálculos del Arzobispo Ussher respecto a la edad de la Tierra. Ussher consideraba los días de la creación como días de una semana terrestre. Tomando el comienzo de esa semana como la creación de la Tierra, y el fin de la semana como el punto de partida de la humanidad, Ussher usó las genealogías que figuran en Génesis para completar su cálculo de la edad de la Tierra. Sus conjeturas estaban, por tanto, íntimamente vinculadas a su estimación de la edad de la humanidad. Hasta ahora, nuestra exposición sobre Génesis se ha relacionado con la naturaleza de los días de Génesis 1, y no con preguntas sobre la antigüedad de la humanidad.

Con respecto a cálculos realizados con el uso de las genealogías, Kitchen señala: "Dentro de la tradición hebrea y las tradiciones relacionadas, tales secuencias «oficiales» de padre a hijo pueden representar los hechos reales de la vida, o pueden ser la condensación de una serie de generaciones originalmente más larga".[17] Él da un ejemplo de Génesis donde las listas de los hijos incluían a los nietos y a los bisnietos, y también señalan que en la genealogía de Mateo 1:8, la afirmación "Joram [engendró] a Uzías" es una abreviatura de "Joram fue el padre de Ocozías, quien fue el padre de Joás, quien fue el padre de Amasías, quien fue el padre de Uzías". Así que él concluye que, en Génesis 1-11, "tomamos la narración en algunos casos suponiendo la paternidad inmediata... Pero en la mayoría de los casos, uno puede en principio leer con igual facilidad la fórmula recurrente «A engendró a B, y después de engendrar a B vivió x

16. La ciencia no puede descartar esta clase de milagro, a pesar de los intentos de los pensadores, desde David Hume hasta los Nuevos Ateos, para convencernos de lo contrario. Ver Lennox, *God's Undertaker*, capítulo 12.

17. K. A. Kitchen, *On the Reliability of the Old Testament* (Grand Rapids: Eerdmans, 2003), 440.

años» como «A engendró (la línea que culmina en) B, y después de engendrar (la línea que culmina en) B, vivió x años»".[18]

Por tanto, respecto a las pruebas internas de la Escritura, la datación de la edad de la humanidad es indeterminada. No obstante, es importante no confundir cosas que difieren, a saber, la edad del universo, la edad de la Tierra y la edad de la humanidad. Claramente, la Tierra es más joven que el universo, y la vida humana es más joven que la vida biológica.

UNA PREGUNTA TEOLÓGICA: ¿LA MUERTE ANTES DEL PECADO DE ADÁN?

La idea de que la Tierra pueda haber existido desde mucho antes que la creación de los seres humanos provoca un problema teológico: la existencia de la muerte antes de la entrada del pecado en el mundo. Este tema surge por la afirmación de San Pablo: "Por tanto, tal como el pecado entró en el mundo por un hombre, y la muerte por el pecado, así también la muerte se extendió a todos los hombres, porque todos pecaron..." (Ro. 5:12). El argumento es simplemente que, como la muerte es una consecuencia del pecado humano, ninguna muerte pudo haber ocurrido antes de que el hombre pecase. Este es claramente un asunto importante, con profundas implicaciones para la doctrina de la salvación ya que, como a menudo se ha señalado, si Pablo está equivocado en su diagnóstico del origen del pecado y de la muerte, ¿cómo podemos esperar que esté acertado con respecto a su solución?

Ahora me enfrento a un problema adicional. En un breve libro introductorio como pretende ser este, concentrarse principalmente en el tiempo de la creación es simplemente imposible incluir una exposición detallada de la naturaleza y de la procedencia de los acontecimientos descritos en Génesis 3, aunque sea inmensamente importante. De modo que deberé contentarme (¡y así arriesgarme a descontentar a algunos lectores!) con esbozar algunas de las ideas que me parecen tener una relación directa con la cuestión como se expresó más arriba.

El relato de Génesis de la entrada del pecado al mundo (Gn. 3:1-7) es una de las partes más fascinantes de la Biblia. La acción tiene

18. *Ibid*. 441.

lugar en el Jardín del Edén, y trata de sus plantas, sus animales y sus humanos o, más precisamente, con un árbol especial, el Árbol del Conocimiento del Bien y del Mal; un animal especial, la serpiente; y, desde luego, Adán y Eva.

Los primeros humanos han sido puestos en el jardín y se les ha dicho que pueden comer de todo árbol (incluido implícitamente el otro árbol especial, el Árbol de la Vida), excepto el Árbol del Conocimiento del Bien y del Mal. Se les ha advertido que si comen de este árbol, morirán. Es decir, que tienen la capacidad de comer de todos los árboles sin excepción, pero no tienen permiso para comer de ese único árbol particular. Aquí están los ingredientes básicos que definen a los seres humanos como seres morales. Dios les ha dado la capacidad de decirle "sí" y abstenerse de comer del árbol prohibido, y de decirle "no" y comer de este. Así, la Biblia nos presenta la idea de que los humanos son seres morales, con todo lo que esto implica.

A continuación se nos presenta uno de los actores principales del drama: la serpiente. Se nos dice que "era más astuta que cualquiera de los animales del campo que el SEÑOR Dios había hecho" (3:1). Ella resulta ser muy diferente de las otras criaturas: es inteligente y puede hablar. Envuelve a Eva en una conversación respecto al significado de comer del Árbol prohibido del Conocimiento del Bien y del Mal. Primero cuestiona la prohibición: "¿Conque Dios os ha dicho: «No comeréis de ningún árbol del huerto»?" (3:1). Eva responde, bastante inexactamente, diciendo que Dios ha prohibido hasta tocar el árbol, por no hablar de comer de él. La serpiente responde con una negación descarada: "Ciertamente no moriréis". Y añade: "Dios sabe que el día que de él comáis, serán abiertos vuestros ojos y seréis como Dios, conociendo el bien y el mal" (3:5).

La serpiente se las ingenia, mediante una taimada manipulación de una verdad a medias y una sutil apelación a su interés en la comida, su sentido estético y su deseo de comprensión y satisfacción (dados por Dios), para meter una cuña entre ella y su Creador. El poder de persuasión de la serpiente es tal que Eva toma el fruto prohibido[19] y se lo ofrece a Adán, y ambos comen.

---

19. En ninguna parte se menciona una manzana.

En ese bochornoso momento, ellos descubren que la iluminación recibida está lejos de lo que ellos creían desear. En lugar de hallar vida, comienzan a experimentar la muerte, como Dios había dicho que les pasaría. No murieron de inmediato en sentido físico; el efecto de su acción sucederá inevitablemente a su debido tiempo. La vida humana, como aprendemos en Génesis 1, tiene muchos aspectos; su nivel inferior es la vida física, a la cual debemos añadirle esas otras cosas que convierten la vida en vida: ambiente estético, trabajo, relaciones humanas y una relación con Dios. La muerte humana involucrará, pues, la disolución de todo esto: primero significará la muerte de la comunión con Dios, y el primer resultado de esta muerte es un intento patético de esconderse de Dios en el jardín. La rotura letal de la comunión con Dios llevará entonces inexorablemente a todos los demás niveles de muerte: muerte estética, muerte de las relaciones humanas, etc., hasta que alcancemos el nivel más bajo de muerte, que transforma nuestros cuerpos de nuevo en moléculas de polvo.

Con este bosquejo excesivamente breve, pasamos a consultar exactamente qué dice Pablo al respecto, y lo que no dice. Él afirma que la muerte sucedió a *todos los seres humanos* como resultado del pecado de Adán; no indica que les ocurriera a *todos los seres vivientes*. Es decir que lo que la Escritura realmente declara es que la muerte *humana* es una consecuencia del pecado.[20] Esto tiene sentido. Los humanos son seres morales, y la muerte humana es la paga final por la transgresión moral. No pensamos en plantas o animales en términos de categorías morales. No acusamos al león de pecar cuando mata a un antílope ni incluso a un ser humano. La afirmación deliberada y cuidadosa de Pablo parecería dejar abierta la cuestión de la muerte a niveles diferentes del ser humano.

De hecho, ya que la fruta y los vegetales[21] se mencionan explícitamente como dieta (dada por Dios) en Génesis, la vida vegetal difícilmente puede ser aquí un problema. La muerte de las plantas no puede, por tanto, haber sido la consecuencia del primer pecado

---

20. Ver también John Walton, *The Lost World of Genesis One* (Downers Grove, IL: InterVarsity, 2009), 100.

21. Derek Kidner señala que la asignación de las plantas como alimento (Gn. 1:29-30) "no debe forzarse para significar que todos alguna vez fueron herbívoros, como tampoco se podría indicar que todas las plantas fueran igualmente comestibles para todos. Es una generalización respecto a que, directa o indirectamente, toda la vida depende de la vegetación, y el interés del versículo es mostrar que todos son alimentados por la mano de Dios (*Genesis* [Leicester, UK: Tyndale Press, 1967], 52).

humano, aunque la muerte de las plantas es muerte. ¿Y qué hay de los animales? Las ballenas, por ejemplo, son mamíferos y no viven de la vegetación . Su alimento son mariscos vivos; de modo que, al comer, las ballenas causan muerte. Lo mismo es cierto respecto a muchas criaturas marinas y terrestres. ¿Tenían alguna fuente alternativa de comida antes de que Adán pecara? Difícilmente.

De manera similar, la opinión de que la muerte animal no existía antes de que los humanos pecaran hace que la existencia de depredadores sea problemática. El pájaro carpintero tiene músculos sorprendentemente poderosos en el cuello que lo capacitan para picotear insectos. Algunas serpientes secretan venenos, y algunos peces pueden lanzar rayos de electricidad que aturden a sus presas. Además, muchos animales y peces poseen un sistema de camuflaje para evitar la depredación: hay insectos que parecen venenosos para los pájaros aunque realmente no lo son. Si no había muerte de ninguna clase antes del primer pecado humano (y por tanto ninguna depredación), ¿llegaron a existir estos exquisitamente complejos músculos, sacos de veneno, órganos eléctricos y sistemas de camuflaje como resultado de aquel pecado? Si es así, ¿no haría esto del pecado el disparador de un proceso creador, una característica que parece muy improbable, y sobre la cual la Biblia parece guardar silencio? ¿O tal vez Dios previó el cambio, construyó de antemano los mecanismos en las criaturas y luego hizo algo para ponerlos en funcionamiento?

Comienzo a pensar que puede ser necesario aplicar en este punto la navaja de Occam[22] para restringir la multiplicación de hipótesis innecesarias, es decir, si el problema teológico surge por ir más allá de lo que Pablo afirma en realidad.

Ahora bien, de inmediato surge la pregunta de lo que Pablo quiere decir con su posterior afirmación: "Porque la creación fue sometida a vanidad, no de su propia voluntad, sino por causa de aquel que la sometió, en la esperanza de que la creación misma será también liberada de la esclavitud de la corrupción a la libertad de la gloria

---

22. Atribuido al pensador franciscano inglés del siglo XIV William de Occam, este es el principio general de que se debería favorecer una hipótesis que haga menos presuposiciones nuevas entre las hipótesis rivales que son iguales en otros aspectos. No afirma (falsamente) la probabilidad de que la explicación más simple sea siempre la más correcta.

de los hijos de Dios" (Ro. 8:20-21). Sin duda, se dirá, esto debe de significar que toda muerte es el resultado del pecado humano?

Una vez más, debemos observar exactamente lo que se está diciendo. Pablo habla de decadencia y corrupción. Piense en lo que ocurre con las flores. Los narcisos pueden enfermar. No obstante, los narcisos, enfermos o no, decaen a principios del verano. Solamente quedan los bulbos, que crecerán nuevamente al año siguiente. ¿Es ese proceso de decadencia lo mismo que la enfermedad? Seguramente no. Es parte de lo que llamamos ciclo de la naturaleza. ¿Es esto algo bueno, parte de la creación original o es un resultado del pecado? Similarmente, los salmones pueden enfermare. Pero esto no es lo mismo que los salmones que mueren después de haber desovado. Una vez más, este extraño fenómeno forma parte del ciclo de la naturaleza. De nuevo, ¿es esto algo bueno, o resultado del pecado?

¿Es, por tanto, posible que la corrupción, la enfermedad y la muerte humana bien puedan ser una consecuencia del pecado, pero que la muerte de las plantas y los animales, como parte del ciclo de la naturaleza, no lo sea?[23] Uno podría entonces argumentar razonablemente que Romanos 8:20-21 está cuidadosamente escrito para referirse a la decadencia y a la corrupción como algo diferente de la muerte. Una vez más, la clave está en observar exactamente qué dice la Escritura.

También resulta provechoso pensar en las circunstancias en las que la muerte humana se introdujo en el mundo. Se nos dice que había en el jardín un Árbol de la Vida, al cual se había concedido libre acceso (Gn. 2:16). Una consecuencia del pecado de Adán fue que el camino a aquel árbol quedó vedado, para que "no vaya a extender su mano y tomar también del árbol de la vida, y coma y viva para siempre. Y el SEÑOR Dios lo echó del huerto del Edén" (Gn. 3:22-23). Esto podría significar, como piensan muchos, que Adán nunca había comido de él y que Dios estaba agradecido de que no lo hubiese hecho. Pero ¿no podría también indicar que este alimento especial estaba cerca de él mientras estaba en el jardín, de modo que lo único

---

23. Podríamos añadir a esto un detalle concerniente a los sacrificios animales que se usaron en los tiempos del Antiguo testamento para enseñarle a Israel la conexión entre el pecado y la muerte, y de este modo señalar al futuro, a la muerte de Cristo como sacrificio por los pecados. En las instrucciones de cómo realizar los sacrificios se enfatiza fuertemente que los animales sacrificiales no deben estar enfermos. En este sentido, se diferenciaba la enfermedad de la muerte. Ver Levítico 1: 3,10; 3: 1, 6 y muchas otras referencias.

que tenía que hacer era extender su mano para tomarlo? Una vez que estuvo fuera del jardín ya no pudo hacer eso, ya que el árbol estaba en un solo lugar: en medio del jardín.[24]

Esto nos lleva a la pregunta: ¿tenían los seres humanos en la creación una inmortalidad esencial e inherente, que les fue quitada cuando pecaron? O, a la luz de la afirmación explícita del Nuevo Testamento "(Dios es) el único que tiene inmortalidad" (1 Ti. 6:16), ¿será que Adán nunca tuvo una inmortalidad intrínseca, sino que desde el principio era dependiente del acceso regular a una fuente externa de alimento (el Árbol de la Vida) para la continuación de su existencia?

La relevancia de esto para la cuestión de la muerte no humana es simplemente esta: ¿cuál era la condición de demás criaturas vivientes, por ejemplo los animales y las aves, con respecto al Árbol de la Vida? ¿Tenían ellas una inmortalidad intrínseca o no? Si la tenían (algo un tanto sorprendente si los humanos no la tenían), ¿qué hizo Dios posteriormente para quitarles esa inmortalidad, que fuera distinto de lo que le hizo al hombre? No hay mención de una expulsión de aves y animales del jardín. Por otra parte, si los animales y las aves también eran dependientes del Árbol de la Vida, ¿qué hay de aquellos animales y aves que estuvieron, presumiblemente, fuera del jardín desde el principio?

Del texto bíblico no se saca la impresión de que todo el mundo fuera como el Edén. Por cierto, exactamente lo opuesto parece estar implícito en la afirmación de que Dios plantó un jardín. Esto genera aún más preguntas: ¿Cuál era exactamente la diferencia entre el interior y el exterior del jardín? Cuando pensamos en jardines, tendemos a pensar solamente en las plantas, pero el relato del Jardín del Edén hay un claro interés tanto en los animales como en las plantas. ¿Cuál era, pues, era la situación no solo de la flora, sino de la fauna fuera del idílico Jardín del Edén? Solamente podemos especular.

---

24. Existe una interminable explicación sobre cómo hemos de entender el árbol, literal o metafóricamente. A la luz de nuestra discusión previa, si tomamos el árbol como algo metafórico, de inmediato se nos preguntará: ¿de qué realidad es la metáfora? ¿Podría ser simplemente que las antiguas leyendas sobre un elixir de la vida tengan una base factual, que una vez hubo un verdadero Árbol de la Vida? En todo caso (contrariamente al pensamiento popular), no estamos diciendo cuál era el fruto, de modo que lo importante es aquello que representaba.

Cualesquiera sean las respuestas a estas preguntas, parecería que la Escritura misma deja abierta la posibilidad de que los animales muriesen antes de que el pecado entrara al mundo, sin afectar a que la muerte humana fuera una consecuencia de ese pecado.[25]

Sin embargo, no debe entenderse que yo piense haber resuelto todas las preguntas que surgen aquí. En particular, dos cosas acuden a la mente de inmediato. La primera es, ¿dónde encaja el *dolor* animal en todo esto? Y es que, se dirá, si la depredación es parte del ciclo de la naturaleza, ¿cómo puede ser una buena cosa si, según vamos siendo más conscientes, suele ir acompañada del más horrendo sufrimiento por parte de las víctimas? ¿Habría, por ejemplo, una diferencia entre el comportamiento de los animales de fuera del Jardín del Edén y el de aquellos que disfrutaban de la idílica situación dentro de él? Si fuera así, ¿cuál era la causa?

Esto me lleva a la segunda cosa: el papel de la serpiente en la entrada del pecado al mundo. ¿Qué era esta serpiente cuyas insinuaciones desencadenaron semejante catástrofe sísmica, por la cual el mundo se tambalea desde entonces? Aparece sin anunciarse en la página de Génesis, simplemente descrita como una de las criaturas que Dios había hecho. Pero esto ya nos está indicando algo, a la vez que genera muchas preguntas. Pues esta serpiente es una criatura, de modo que Dios es en definitiva responsable de su existencia. Sin embargo, está en clara oposición a Dios. En otras palabras, Génesis está señalando que ya había un alienígena en la Tierra, un ser que, aparentemente, tenía la capacidad de desobedecer a Dios, lo había hecho, y ahora estaba alentando a los primeros humanos a imitarlo.

Ahora bien, algunas personas desestimarán esto como una mitología primitiva. Yo no. De hecho, encuentro bastante irónico que mucha gente que rechaza sumariamente este relato por creerlo totalmente ajeno a la realidad está perfectamente preparada para aceptar sin objeción el veredicto de científicos que la informan de que el

---

25. Es interesante notar que la instrucción acerca de la vegetación como alimento para los animales (Gn. 1:30) fuera dada a los humanos, y no a los animales. ¿Por qué? Una posibilidad podría ser la siguiente. A ellos se les había mandado dominar sobre peces, animales y aves. Sería importante que ellos supieran que la dominación no incluía mantener a los animales lejos de los alimentos humanos, y esto sugiere que al menos algunos de ellos podrían haber comido alimentos no vegetarianos. En Génesis 9 no hay mandamiento explícito a los animales para ser en adelante carnívoros. Pero a los humanos se les permite desde entonces matar y comer animales.

universo debe estar pululante de vida extraterrestre (aunque ellos no han descubierto hasta ahora pruebas de su existencia).

Hay otras razones para ser escéptico de la opinión mitológica. Por ejemplo, según Génesis, Dios pronunció sentencia contra la serpiente por lo que había hecho: "Por cuanto has hecho esto, maldita serás más que todos los animales y más que todas las bestias del campo; sobre tu vientre andarás y polvo comerás todos los días de tu vida. Y pondré enemistad entre tú y la mujer, y entre tu simiente y su simiente; él te herirá en la cabeza, y tú lo herirás en el calcañar" (Gn. 3:14-15). La primera parte del castigo es que desde ese momento la serpiente se arrastraría, y esto implica que estamos hablando de una criatura real que antes caminaba erguida. Segundo, la serpiente ha de tener una descendencia que se opondrá a la descendencia de la mujer. Pero un descendiente particular de la mujer triunfará sobre la serpiente, machacándole la cabeza.

El resto de Génesis será la primera parte de la historia de la descendencia (o la Semilla) de la mujer, una historia que alcanzará su clímax en la Descendencia o Simiente, Jesucristo. El Nuevo Testamento no se avergüenza de decir que no solo la malevolencia humana se resiste a Cristo, sino también un ser sobrenatural no humano: el enemigo mismo, el diablo, llamado Satanás, el acusador. Ahora bien, Génesis 3 no usa ninguna de estas palabras, pero no es difícil ver por las siguientes Escrituras que, detrás de la serpiente descrita en ese capítulo está la figura malévola del diablo, "la serpiente antigua", como se le llama en el último libro de la Biblia, Apocalipsis (12:9; 20:2). De hecho, muchos de los conceptos de Génesis 3 reaparecen juntos una vez más en el drama de Apocalipsis, donde leemos sobre una bestia parlante energizada por el poder del diablo, con autoridad mundial (13:4,7) y que es finalmente derrotada por Cristo mismo (19:20).

Ahora bien, por intrigante que esto pueda ser, no podemos distraernos en una explicación adicional al respecto. Simplemente deseo destacar que, según la Escritura, el mal en el universo parece preceder al pecado de Adán y Eva. C. S. Lewis lo expresa así:

> Es imposible en este punto no recordar cierta historia sagrada que, aunque nunca fue incluida en los credos, ha sido ampliamente creída por la iglesia y parece estar implícita en ciertas declaraciones del Señor, de Pablo y de Juan; me refiero a la historia de que el hombre

no fue la primera criatura en revelarse contra el Creador, sino que cierto ser más antiguo y poderoso se había tornado apóstata hacía ya tiempo, y ahora es el emperador de la oscuridad y (significativamente) el señor de este mundo.[26]

Lewis continúa diciendo:

Me parece, pues, una suposición razonable que algún imponente poder ya creado había estado obrando en perjuicio del universo material, o el sistema solar, o al menos el planeta Tierra, antes de que el hombre siquiera hubiera entrado en escena; y que cuando el hombre cayó, alguien ciertamente lo había tentado... Si existe tal poder, como yo creo, bien podría haber corrompido la creación animal antes de que apareciera el hombre.[27]

Al menos una cosa queda clara en Génesis: aquel poder oscuro había corrompido al menos parte de la creación animal. ¿Podría ser esta la dirección hacia la que debemos mirar para empezar a comprender el origen del dolor y del sufrimiento que parece impregnar el mundo animal?

La cuestión del origen de los humanos —¿somos hechos a la imagen de Dios, o arrojados al mar de las posibles mutaciones aleatorias de la materia, sin ninguna significación definitiva?— es de la mayor importancia para nuestro concepto de nuestra identidad humana; y, por tanto, no es sorprendente que se estén haciendo feroces esfuerzos por minimizar la diferencia entre los humanos y los animales por un lado, y la diferencia entre los humanos y las máquinas por el otro. Tales esfuerzos son impulsados, al menos en parte, por la convicción secular de que el naturalismo debe triunfar al final sobre el teísmo, mediante sus argumentos reduccionistas para eliminar de la creación el último vestigio de Dios. Debe demostrarse al fin que los seres humanos no son nada más que física y química.

Por esto es importante combatir tal naturalismo presentando el teísmo bíblico como una alternativa creíble que, lejos de implicar un suicidio intelectual, es más coherente con los datos que el reduccionismo ateo.

---

26. C. S. Lewis, *The Problem of Pain* (Nueva York: Simon & Schuster, 1996), 119.
27. *Ibid.* 122-123.

EL CAMINO HACIA ADELANTE

Hemos visto cómo el cambio de una interpretación de la Escritura de una Tierra fija a una Tierra móvil fue el resultado de una creciente evidencia científica de que la Tierra estaba en movimiento. La evidencia paralela concerniente a la edad del universo es más reciente, y nos llega de las disciplinas de la geología y muy recientemente de los avances en la astronomía y la cosmología. Desde luego, tengo muy presente que la teoría biológica de la evolución exige una Tierra antigua y, para mucha gente, este es un factor principal en su pensamiento. Sin embargo, la evidencia cosmológica es completamente independiente de la biología, y es por tanto perfectamente posible aceptar esa evidencia cosmológica sin comprometerse con la creencia de que la vida ha surgido por un proceso evolutivo materialista no guiado. Es simplemente falso sugerir, como hacen algunos, que la única alternativa al creacionismo de la Tierra joven es aceptar el modelo darwiniano. He explicado este y otros temas relacionados en mi libro *El sepulturero de Dios*, y también he dedicado el apéndice E de este libro al asunto de la evolución teísta.

Ahora bien, todos los genuinos científicos son conscientes de que la ciencia no es infalible: las teorías cambian (por ejemplo, como hemos visto con respecto al movimiento de la Tierra). La mayoría de los científicos, sin embargo, son realistas críticos. Creen que están dando pasos hacia captar la verdad acerca del universo, pero están preparados para modificar sus teorías si la evidencia lo justifica. Los cristianos tenemos que recordarnos sobre los dos peligros delineados al final del capítulo 2. Primero, debemos guardarnos de ligar nuestra exposición de la Escritura tan estrechamente a la ciencia que la primera caiga si la segunda cambia. Por otra parte, seríamos muy necios si ignorásemos la ciencia por oscurantismo o temor, y presentáramos al mundo una imagen del cristianismo que fuera antiintelectual. Ningún cristiano tiene nada que temer de la verdadera ciencia. Muchos cristianos han hecho, y continúan haciendo, contribuciones de primera clase a la ciencia. De modo que ¿cuál es el mejor camino hacia adelante? Me parece que hay cuatro consideraciones sobresalientes:

La actual evidencia de una Tierra antigua.

La sincera y admirable admisión de prominentes creacionistas de la Tierra joven respecto a que "los creacionistas recientes deberían humildemente coincidir en que su opinión es, en este momento, poco plausible sobre bases puramente científicas. Pueden hacer causa común con quienes rechazan el naturalismo, como los creacionistas de la Tierra antigua, para establecer sus creencias más básicas".[28]

El hecho de que la Escritura, aun pudiéndose interpretar en términos de una Tierra joven, no exige tal interpretación.

Hay otras posibles interpretaciones en términos de una Tierra antigua que no comprometen la autoridad de la Escritura.

El hecho de que no lo sabemos todo.

A menudo, la humildad se observa en los científicos más destacados. También es una virtud cristiana.

Unos factores esencialmente iguales a los tres primeros de estos (reemplazando "Tierra joven" por "Tierra fija") deben de haber influido cada vez más en las personas en los años posteriores a Copérnico y Galileo, y deben de haberlos hecho crecientemente confiados para afirmar la nueva interpretación, que cuadraba mejor con una mayor comprensión del universo. No hay razón para que no pueda ocurrir lo mismo hoy. Igual que en el pasado no hubo vergüenza ni compromiso en que las personas cambiasen de idea acerca del movimiento de la Tierra, tampoco los hay hoy en que las personas cambien de idea respecto a la edad de la Tierra. Después de todo, ¡no ha sido hasta hace bien poco cuando los científicos se han convencido de que hubo un comienzo! Este es un buen punto para recordar el cuarto factor mencionado más arriba: la necesidad de humildad.

UNA POSDATA NECESARIA

No deseo dejar el tema justo aquí. Si lo hago, los lectores podrán pensar que la única razón de examinar Génesis 1 es intentar resolver el tema de su relación con la ciencia. Eso sería lamentable, porque hay otras muchas cosas importantes que decir, como explicaremos ahora en nuestro capítulo final.

---

28. Paul Nelson y John Mark Reynolds, "Young Earth Creationism," en J. P. Moreland and John Mark Reynolds, eds., *Three Views on Creation and Evolution* (Grand Rapids: Zondervan, 1999), 51.

CAPÍTULO 5
El mensaje de Génesis 1

El libro de Génesis es fundamental para el resto de la Biblia. Su capítulo inicial hace algo de importancia incalculable: establece la base para una cosmovisión bíblica.[1] Nos da a los humanos una metanarración, una gran historia a la que se pueden incorporar nuestras vidas y de la cual pueden derivar significado, propósito y valor. Este capítulo está dedicado a esa gran historia.

DIOS EXISTE

Una de las grandes preguntas más básicas que podemos hacer es ¿cuál es la naturaleza de la realidad definitiva? La doctrina central de la cosmovisión bíblica es que la realidad definitiva es Dios: "En el principio Dios...". Génesis afirma aquí una profunda verdad: que hay un Dios. La afirmación se hace primeramente sin prueba alguna que la apoye, circunstancia que no debería desorientarnos para inferir que el autor de Génesis no tuviera pruebas. Tanto Génesis como el resto de la Biblia van a proporcionar dicha evidencia posteriormente. Sin embargo, la manera misma en la que comienza Génesis nos recuerda que toda cosmovisión debe empezar en alguna parte. La cosmovisión bíblica comienza con Dios; la cosmovisión atea comienza con el universo. No obstante, Génesis 1 no solo asevera que hay un Dios, sino que nos aporta mucha información sobre él.

"En el principio creó Dios los cielos y la tierra". Así, majestuosamente, Génesis 1:1 anuncia el hecho de la creación. Esta no es tan solo una afirmación verdadera respecto a Dios, sino también acerca del universo físico. Aunque el texto no dice explícitamente que el universo fuera creado de la nada (idea expresada a veces por la expresión latina *ex nihilo*), existen fuertes argumentos para entenderlo

---

1. Además, esta cosmovisión es la que mejor explica por qué es posible la ciencia. Ver John C. Lennox, *God's Undertaker: Has Science Buried God?* (Oxford: Lion Hudson, 2009), 20ss.

de este modo, como lo hacen muchos eruditos. Primero, la frase "los cielos y la tierra" es con toda probabilidad un merismo[2] que denota "todo el universo material", en cuyo caso la implicación de Génesis 1:1 es la creación *ex nihilo*. Esta opinión tiene firme respaldo en el Nuevo Testamento. Hebreos 11:3 declara: "Por la fe entendemos que el universo fue preparado por la palabra de Dios, de modo que lo que se ve no fue hecho de cosas visibles". Lo material "se ve" y "es visible", de modo que aquí tenemos una confirmación de que, al menos, el universo no fue hecho de material visible preexistente.[3]

Además, en la que es posiblemente la afirmación más clara del Nuevo Testamento al respecto, Apocalipsis 4:11 expresa: "Digno eres, Señor y Dios nuestro, de recibir la gloria y el honor y el poder, porque tú creaste todas las cosas, y por tu voluntad existen y fueron creadas". La implicación es que el universo llegó a existir porque Dios lo creó en algún momento, de modo que podemos deducir que fue creado de la nada, ya que no había nada en existencia a partir de lo cual crearlo, por difícil que le resulte a nuestra mente asimilar la idea. Todas estas afirmaciones posteriores tienen claras raíces en Génesis 1:1.

La afirmación de que Dios creó el universo físico es de suprema importancia. Responde a la pregunta ¿por qué hay algo en lugar de nada? Implica que este universo no puede explicarse por sí solo, como debe sostener el ateísmo secular por definición. Nos señala que el universo material no es la realidad final, sino Dios.

Es importante, desde luego, no confundir el hecho de la creación con la manera o el momento de la creación. Menciono esto porque a veces ocurre que el fracaso en resolver problemas relacionados con el modo o el momento de la creación impide que las personas crean que la Creación ha ocurrido. Una ilustración desde la ciencia puede ayudarnos a captar aquí el problema. Stephen Hawking afirma que el espacio-tiempo comenzó en una singularidad, cuando las

---

2. Es decir, una figura del lenguaje en la que se expresa una totalidad en referencia a sus partes contrastantes. Otro ejemplo de esto en Génesis es la expresión "el conocimiento del bien y del mal" que, según se sugiere, es un merismo para "el conocimiento de todo".

3. Es muy interesante que el escritor judío de 2 Macabeos apoye la creación *ex nihilo* : "Te ruego, hijo, que mires al cielo y la tierra y, al ver todo lo que hay en ellos, sepas que a partir de la nada lo hizo Dios y que también el género humano ha llegado así a la existencia" (7: 28, *Biblia de Jerusalén*).

leyes de la física se colapsaron. El momento de la creación supone, por tanto, un inmenso problema para la ciencia. Pero esto no impide que la mayoría de los científicos crean que hubo un comienzo. Lo importante para ellos es que exista una prueba científica de un comienzo, aunque la ciencia no pueda comprender la naturaleza del mismo.[4] Debemos tener esta actitud en mente cuando llegamos a Génesis.

Génesis 1:1 anticipa la revelación más plena que Juan nos da al principio de su Evangelio en el Nuevo Testamento: "En el principio existía el Verbo, y el Verbo estaba con Dios, y el Verbo era Dios. Él estaba en el principio con Dios. Todas las cosas fueron hechas por medio de Él, y sin Él nada de lo que ha sido hecho, fue hecho" (Jn. 1:1-3). La palabra traducida "hecho" significa "llegó a existir". Dios es eterno, no creado; él no se generó; siempre existió. El universo, por otra parte, sí "llegó a existir". No siempre estuvo allí, otra fuerte confirmación, por cierto, de la creación *ex nihilo*.

Aunque no se escribió como polémica, el relato de Génesis es, por tanto, diametralmente opuesto a todas las interpretaciones idólatras del universo, sean de la clase pagana antigua o de la variedad secular moderna. Génesis choca de frente con los politeísmos babilónico, cananita y egipcio, tanto como el Evangelio de Juan contradice a sus equivalentes griegos y romanos. En particular, los relatos del antiguo Cercano Oriente contienen por lo general teogonías[5], que describen cómo se generan los dioses de la materia primordial. Estos dioses son, por tanto, meras deificaciones de la naturaleza y de sus poderes. Esto significa que tales cosmovisiones antiguas están mucho más próximas al materialismo contemporáneo de lo que podría pensarse al principio. Físicos contemporáneos, como Paul Davies por ejemplo, argumentan que la sintonía fina del universo indica que hay una gran inteligencia en alguna parte; pero sostienen, de todos modos, que esta inteligencia debe de haber evolucionado a partir de la materia primitiva: ella es, en ese sentido, de origen material.

Uno de los argumentos principales de Richard Dawkins en *El espejismo de Dios* es que, si Dios lo creó todo, deberíamos preguntarnos

---

4. Observe que esta analogía se aplica a la manera, más que al tiempo de la creación, ya que el tiempo es parte del Modelo Estándar (Big Bang).
5. Ver apéndice A.

quién creó a Dios. Pero la misma formulación de esta pregunta revela de inmediato que Hawkins tiene en mente a un Dios creado: "¿Quién *creó* a Dios?". Los dioses creados son ciertamente un espejismo. No obstante, el Dios que se revela en Génesis no es creado, de modo que el "argumento de quién creó a Dios" cae por tierra. La dificultad de Dawkins debe de ser que él no puede creer en algo eterno. ¿Por qué no? La ciencia ciertamente no nos dice que no haya nada eterno; de hecho, la noción de un universo eterno o una energía eterna ha dominado el pensamiento humano por siglos, y aún no ha desaparecido de los círculos académicos.

Además, si la pregunta de Dawkins es válida, puede volverse en contra suya. Él cree que el universo lo creó. Por tanto, tenemos motivos para preguntarle: "¿Quién creó a tu creador?"

La idea aquí es que *todos* estos cuestionamientos deben detenerse con lo que el cuestionador crea que es la realidad definitiva. Como hemos visto, para el ateo la realidad definitiva es el universo, y para el teísta la realidad definitiva es Dios. Génesis nos señala que Dios es primario y el universo derivado. Esta cosmovisión es exactamente lo opuesto al politeísmo antiguo y al secularismo contemporáneo, los cuales suponen que la materia es primaria y que todo lo demás, incluida la mente, es derivado.

DIOS ES DIFERENTE DE SU CREACIÓN

Además, según Génesis Dios creó el universo, pero no es idéntico a este. Notablemente el sol, la luna y las estrellas se describen de forma puramente física, como "lumbreras". No hay indicio de que se les confiera clase alguna de divinidad como en las mitologías paganas de la época. Tampoco es el universo una clase de emanación de Dios, como lo son los rayos solares del sol. La materia se genera de la nada, no de Dios. El relato de Génesis no tiene, por tanto, traza alguna de panteísmo.

Tampoco es Dios el remoto y deísta "dios de los científicos", quien inició el universo y luego se retiró de escena, sin interesarse más por él. Por cierto, la parte principal de la narración de Génesis está dedicada a las relaciones entre los seres humanos y Dios; y, desde luego, a las relaciones entre los mismos seres humanos.

El mero hecho de que tales relaciones sean posibles tiene que ver con otra profunda característica de Dios revelada en Génesis.

DIOS ES PERSONAL

Las frases "Dios dijo", "Dios vio que era bueno", "Dios bendijo" y, sobre todo, "Creó, pues, Dios al hombre a imagen suya, a imagen de Dios lo creó; varón y hembra los creó" son claras indicaciones de que Dios es una persona y no una fuerza. Hay peligros en la mentalidad de "La Guerra de las Galaxias" que concibe a Dios como "la Fuerza", pues nosotros somos personas y, por tanto, suponemos correctamente que somos superiores a las fuerzas. Nosotros dominamos y usamos las fuerzas, de modo que si concebimos a Dios como una fuerza, podríamos imaginar erróneamente que Dios es algún poder que podemos dominar y usar, en lugar de considerarlo como nuestro Creador y Señor, quien es digno de nuestra lealtad y adoración. A él le corresponde usarnos a nosotros, no a la inversa.

DIOS ES UNA COMUNIÓN

Génesis 1 habla del Espíritu de Dios que "se movía sobre la superficie de las aguas" y registra estas palabras de Dios: "*Hagamos* al hombre a *nuestra* imagen, conforme a *nuestra* semejanza" (Gn. 1:26; énfasis añadido). No se da ninguna explicación en este punto, pero estas afirmaciones ciertamente anticipan la enseñanza del Nuevo Testamento sobre la Trinidad.[6] Esta impresión se intensifica por el uso reiterado de la frase "Y dijo Dios...". La creación involucra la palabra de Dios. Concentrándose en este hecho, el apóstol Juan comienza su Evangelio con la magnífica afirmación: "En el principio existía el Verbo, y el Verbo estaba con Dios, y el Verbo era Dios. Él estaba en el principio con Dios. Todas las cosas fueron hechas por medio de Él" (Jn. 1:1-3a).

Juan identifica enseguida la Palabra con Jesucristo: "Y el Verbo se hizo carne, y habitó entre nosotros, y vimos su gloria, gloria como del unigénito del Padre, lleno de gracia y de verdad" (Jn. 1:14). Así, Dios se nos revela como una triunidad, una comunión de Padre, Hijo y Espíritu Santo.

---

6. Aunque la palabra "Trinidad" no aparece en el Nuevo Testamento, Thomas Torrance ha argumentado que no se trata tanto de una formulación cristiana, como de la forma en que Dios se ha revelado a sí mismo. Ver su *The Christian Doctrine of God* (Edimburgo: T&T Clark, 1996).

El Apóstol Pablo afirma de Cristo: "Él es la imagen del Dios invisible, el primogénito de toda creación. Porque en Él fueron creadas todas las cosas, *tanto* en los cielos *como* en la tierra, visibles e invisibles; ya sean tronos o dominios o poderes o autoridades; todo ha sido creado por medio de Él y para Él. Y Él es antes de todas las cosas, y en Él todas las cosas permanecen" (Col. 1:15-17).

Estas son declaraciones asombrosas respecto a cualquiera en cualquier época, por no hablar del siglo XXI. Claramente implican que Cristo creó el espacio-tiempo. Fue él quien concibió y, con energía y poder inimaginables, por su palabra creó un universo material, gobernado por intrincadas leyes que él mismo diseñó. Su mente fue la mente de Dios, quien con su pensamiento generó la materia, la vida y la consciencia. Nada tiene sentido respecto a Jesús a menos que él sea precisamente quien afirmó ser: el Verbo de Dios encarnado. Se ha dicho a menudo que la ciencia no puede descartar a Dios. Jesucristo lo ha incorporado.

DIOS TIENE UNA META EN LA CREACIÓN

Observamos con anterioridad que la principal impresión producida por el relato bíblico de la creación es que Dios no lo hizo todo instantáneamente. Este hecho llamativo suscita de inmediato en nuestras mentes la pregunta: ¿cuál es el objetivo de la secuencia de días? ¿A qué conduce? La narración comienza con "En el principio creó Dios los cielos y la tierra". Entonces se nos dice que la Tierra estaba "sin orden y vacía" y Dios comienza a hablar. La frase repetida "Y dijo Dios..." marca una secuencia de pasos creadores y organizativos mediante los cuales Dios moldea al mundo y lo llena de criaturas vivientes. En el último paso, Dios crea los seres humanos a su imagen. Ellos representan el pináculo de la creación de Dios: solamente de ellos se dice que llevan su imagen. El planeta Tierra es especial. Fue creado con un propósito definitivo: el de tener seres humanos en él.[7]

Por tanto, la narración de Génesis, no nos está informando tan solo de cómo llegó a existir el universo. También está diciendo por qué llegó a existir. Por esta razón, Génesis no solo enfatiza los

---

7. Es, por tanto, apropiado que la descripción del sexto día sea más extensa que la de los demás días.

procesos de la creación, sino también la organización divina del universo en general y de la Tierra en particular, de modo que pudiera funcionar como hogar adecuado para los varones y las mujeres hechos a su imagen. Al planeta Tierra se le ha de dar cierta forma —separar la luz de la oscuridad, la tierra seca del mar, surgen las lumbreras visibles en el cielo, la vida vegetal para comer— para que la vida humana se desarrollara y funcionara como era la intención de Dios..

Esta enseñanza bíblica, de que la Tierra fue específicamente diseñada como un hogar para los seres humanos, se corresponde bien con lo que la ciencia contemporánea nos indica acerca del ajuste de la sintonía del universo. En años recientes, los físicos y los cosmólogos han descubierto que las constantes fundamentales de la naturaleza —aquellos números especiales de los cuales depende todo— deben ser "perfectos" para que la vida tal como la conocemos sea posible.[8] El físico ganador del Premio Nobel, Arno Penzias, comenta sobre estos hallazgos notables: "La astronomía nos guía hacia un acontecimiento único, un universo que fue creado de la nada, uno con el delicadísimo equilibrio necesario para proporcionar exactamente las condiciones correctas para permitir la vida, y que tiene un plan subyacente que se podría calificar de «sobrenatural»".[9]

El testimonio de Paul Davies es nuevamente útil: "No puedo creer que nuestra existencia en el universo sea una mera rareza del destino, un accidente de la historia, un parpadeo incidental en el gran drama cósmico. Nuestra participación es demasiado íntima... Estamos verdaderamente destinados a estar aquí".[10]

De modo que tanto Génesis como la ciencia afirman que el universo está equipado para sostener la vida humana. Pero Génesis añade más. Dice que usted, como ser humano, lleva la imagen de Dios. Los estrellados cielos muestran la gloria de Dios, sí; pero no están hechos a la imagen de Dios. Usted sí lo está. Esto lo hace único. Le atribuye un valor descomunal. Las galaxias son incalculablemente grandes en comparación con usted. Sin embargo, usted sabe que ellas existen, pero ellas no saben que usted existe. Usted es más

8. Ver Lennox, *God's Undertaker*, capítulo 4.

9. Arno Penzias, "Creation Is Supported by All the Data So Far," en Henry Margenau and Roy A. Varghese, eds., *Cosmos, Bios, Theos: Scientists Reflect on Science, God, and the Origins of the Universe, Life, and Homo sapiens* (La Salle, IL: Open Court, 1992), 83.

10. Paul Davies, *The Mind of God* (Londres: Simon and Schuster, 1992), 232.

significativo, por tanto, que una galaxia. El tamaño no es necesariamente una medida fiable de valor, como podría afirmar cualquier
mujer mientras contempla los diamantes en su dedo y los compara
con montones de carbón.

DIOS CREA POR SU PALABRA

Ya hemos visto que el que Dios no lo hiciera todo simultáneamente
nos lleva a pensar que su propósito en la creación de la Tierra fue
que fuera un hogar para los únicos seres que llevan su imagen: los
humanos. Los pasos individuales para alcanzar esa meta fueron ini-
ciados por la palabra de Dios: "Y dijo Dios...". Esta repetida referencia a la actividad de la palabra de Dios en la creación resuena muy
poderosamente en mí como científico. La idea de que el universo no
llegó a existir sin el ingreso de información y de energía procedente
de una fuente inteligente me parece haber sido ampliamente confirmada por los descubrimientos científicos.

Primeramente, el lenguaje de las matemáticas ha demostrado ser
una poderosa herramienta para describir cómo funcionan las cosas.
Sus codificaciones de las leyes de la naturaleza en breves y elegantes
"palabras" consistentes en símbolos reflejan, con seguridad, la Palabra mayor que es la responsable suprema de las estructuras físicas
del universo.

Por encima, y más allá, de esto está el importantísimo descubrimiento científico —uno de los mayores de todos los tiempos— de
que en cada uno de los treinta y siete billones de células de nuestro
cuerpo los humanos poseemos una "palabra" de una extensión alu-
cinante, el genoma humano. Esta "palabra" tiene una extensión de
entre tres y cinco mil millones de letras, escritas en las cuatro "letras" químicas C, G, A y T. El descubrimiento ganador del Premio
Nobel de Francis Crick y James Watson, de la estructura de doble
hélice del ADN que lleva esta información genética ha dado lugar a
la revolución de la biología molecular, el estudio de macromoléculas
que portan información, como el ADN.

En años recientes, la información ha llegado a ser considerada
como uno de los conceptos fundamentales de la ciencia. Una de las
cosas más intrigantes acerca de ella es que no es física. La información que usted está leyendo en este momento está contenida en el

medio físico del papel y la tinta (o en una pantalla física de ordenador). Pero la información misma no es material.

Como argumento en detalle en otra parte,[11] la no-materialidad de la información apunta a una fuente no material, a una mente, la mente de Dios.

Encima de todo esto, nosotros, los seres humanos, también hemos sido dotados de una capacidad fenomenal de usar palabras para describir nuestro universo y para comunicarnos unos con otros. ¿No apunta acaso esta capacidad, de forma inequívoca, al Verbo inmensamente mayor, quien nos ha dotado de su imagen e impronta? Sin embargo, mucha gente descarta la afirmación de que Cristo es el Verbo de Dios como absurda e imposible de aceptar en una era científicamente educada. Como científico, debo confesar que me resulta muy extraña su actitud. Después de impartir una conferencia sobre "La ciencia y Dios" ante un gran grupo de científicos en un importante establecimiento de investigación, fui (amablemente) abordado por un físico, quien me dijo: "Deduzco de su conferencia que usted no solamente cree en Dios, sino que es cristiano. Usted está, por tanto, obligado a creer que Jesucristo era simultáneamente Dios y humano. ¿Cómo puede usted, como científico, explicar esto?".

Mi reacción fue hacerle una pregunta a modo de toma y daca. Y, como la consideraba una pregunta más simple, sugerí que él contestara primero. "De acuerdo", dijo. "¿Qué es la conciencia?", pregunté. "Realmente no sabemos", respondió él. Yo le animé: "Intentemos algo aún más simple: ¿Qué es la energía?". "Bien", replicó él, "tenemos ecuaciones que la gobiernan, podemos medirla y usarla...". "¡Esa no fue mi pregunta! ¿Qué *es* la energía?". Después de pensar, contestó (como yo sabía que lo haría): "Realmente no sabemos". Entonces le pregunté: "¿Cree usted en la consciencia y la energía?". "Sí", dijo él. "De modo que usted cree en ellas ¿y no sabe qué son? ¿Debería descalificarlo como físico?". "Por favor, no lo haga", pidió. Respondí: "Sin embargo, usted estaba dispuesto a descalificarme como científico, a menos que pudiera explicar algo muchísimo más complejo que la consciencia o la energía: la naturaleza de Dios mismo".

---

11. Lennox, *God's Undertaker*, 177 – 178.

"Dígame" —continué—, "¿por qué cree usted en la consciencia y la energía, aunque no entiende qué son?". "Bien, supongo que es porque estos conceptos tienen sentido. Tienen una clase de poder explicativo, y uno no necesita entenderlos por completo para poder usarlos para explicar otras cosas". "Precisamente", asentí, "y por ello creo que Jesús era tanto Dios como hombre. No puedo explicarlo; por definición, debe de ser una de las cosas más difíciles de explicar, mucho más que la consciencia o la energía, pero lo creo porque le da sentido a todo lo demás. Es la única interpretación que justifica de la forma adecuada el nacimiento, la vida, la muerte, la resurrección y la ascensión de Jesús".[12]

DIOS ES LA FUENTE DE LUZ

La secuencia de días comienza con "Y dijo Dios: Sea la luz". En un famoso pasaje, Pablo traza una analogía entre esta afirmación y la proclamación del mensaje cristiano: "Porque no nos predicamos a nosotros mismos, sino a Cristo Jesús como Señor, y a nosotros como siervos vuestros por amor de Jesús. Pues Dios, que dijo que de las tinieblas resplandeciera la luz, es el que ha resplandecido en nuestros corazones, para iluminación del conocimiento de la gloria de Dios en la faz de Cristo" (2 Co. 4:5-6).

Pablo usa la creación como metáfora de lo que le ocurre a una persona en la conversión. Una vez más, vale la pena recalcar que la metáfora denota algo real a un nivel más profundo que el meramente físico. La luz que Dios hace brillar en el corazón humano que en él confía no es física, desde luego, pero es real. No es un asunto de mera ilusión psicológica. El evangelio efectúa una transformación espiritual real, como Pablo sigue diciendo en el siguiente capítulo mismo, donde emplea de nuevo el lenguaje de la creación: "Por lo tanto, si alguno está en Cristo, es una nueva creación. ¡Lo viejo ha pasado, ha llegado ya lo nuevo!" (2 Co 5:17, NVI). Por esta razón, podemos confiar en el mensaje cristiano: trae una iluminación real, y se autentica a sí mismo en la experiencia humana. También se legitima intelectualmente, como señaló C. S. Lewis: "Creo en el cristianismo

---

12. Para la objeción respecto a que la ciencia y los milagros son incompatibles, ver Lennox, *God's Undertaker*, 135 – 192.

como creo que el sol ha salido; no solamente porque lo veo, sino también porque por él veo todo lo demás".

Pero el Nuevo Testamento tiene mucho más que decir sobre este tema de la luz de la creación. De hecho, Jesús mismo se refiere a la mismísima primera aparición de la palabra "día" en Génesis, y extrae de ella una sorprendente y poderosa aplicación para nuestras vidas. Juan relata esta aplicación en su Evangelio como una de las mayores señales que Jesús realizó para confirmar su afirmación de ser el Hijo de Dios, el Verbo de Dios encarnado. Es la famosa historia de la resurrección de Lázaro (Jn. 11:1–12:11). Lázaro vivía con sus hermanas María y Marta en el pueblo de Betania, cerca de Jerusalén. Lázaro enfermó, y las hermanas le enviaron un mensaje a Jesús, quien había llegado a ser un amigo de la familia. Jesús no respondió de inmediato, sino que permaneció dos días más donde estaba con sus discípulos. Entonces les anunció que se proponía retornar a Judea, ya que Lázaro estaba enfermo. Más tarde, Jesús les explicó que iba para despertar a Lázaro del "sueño" de la muerte.

Los discípulos reaccionaron muy negativamente al anuncio de Jesús: "Rabí, hace poco que los judíos procuraban apedrearte, ¿y vas otra vez allá?" (Jn. 11:8). Para los discípulos, un viaje de vuelta a Judea en ese momento les parecía suicida. En Galilea, lejos de Jerusalén, se sentían seguros; pero era tal el antagonismo que había surgido contra Jesús, que estaban atemorizados de lo que podría ocurrir si aparecían en la capital o cerca de ella.

Jesús les contestó refiriéndose a la construcción de lo que llamamos el sistema solar: "¿No hay doce horas en el día? Si alguno anda de día no tropieza, porque ve la luz de este mundo. Pero si alguno anda de noche, tropieza, porque *la luz no está en él*." (Jn. 11:9-10; énfasis añadido). Jesús estaba interesado en enseñarles a sus discípulos una importante lección sobre la disposición misma del sistema de iluminación de nuestro mundo, como se describe primeramente en Génesis 1. La lección se basa en la primera mención de la palabra "día": "Y llamó Dios a la luz día, y a las tinieblas llamó noche" (Gn. 1:5). Uno puede fácilmente pasar por alto el hecho de que es Dios quien le da el nombre de "día" a la luz. Génesis es un libro en el cual Dios les dice a los humanos que se hagan cargo de la tarea de ponerle nombre a las cosas, de modo que ¿por qué reserva para sí el darle nombre tan solo a unos pocos, muy pocos, aspectos del universo creado? Esto tiene, sin duda, el efecto de llamar nuestra atención sobre ellos, porque día y luz no son exactamente lo mismo, ¿no es cierto?

Jesús explica aquí algo muy importante, que se pasa fácilmente por alto: la organización del mundo, como algo diferente de su creación.[13] Que Dios llamara a la luz "día" y a la oscuridad "noche" no son actos creadores en sentido estricto. Son organizativos. Lo que permite hace la distinción lingüística es nada menos que la disposición geométrica del sistema solar.

Para lograr esta disposición, primeramente el sol, fuente de luz para nuestro planeta, tiene que estar situado físicamente fuera de nuestro hogar planetario. Como dice Jesús, la luz no está en nosotros. En segundo lugar, la Tierra debe rotar sobre su propio eje, y presentarle al sol una cara constantemente diferente, de modo que cada rotación terrestre pueda dividirse en horas de luz solar y horas nocturnas. En este sentido, el día es nuestra experiencia de la luz (del sol). La luz está racionada por la estrategia organizativa deliberada del Creador mismo.

Para ver por qué, es necesario que pensemos una vez más en el día 4. Con anterioridad reflexionamos en algunas de las formas en que la gente ha tratado de resolver el problema de Orígenes. Hallamos que el día 4 no está tan relacionado con la creación de la luz (día 1), sino con la función para la cual el sol, la luna y las estrellas eran entidades visibles en el cielo. El texto de Génesis nos declara explícitamente: "sean para señales y para estaciones y para días y *para* años" (Gn. 1:14).

En esta era tecnológica, quienes vivimos en ciudades olvidamos fácilmente el papel fundamental del sol, la luna y las estrellas en la organización de la vida en la Tierra. Pero durante milenios, las personas dependieron de ver esas "lumbreras" en el cielo, no solo para determinar los ciclos de la siembra y la cosecha, y los tiempos de pasto de sus animales en las montañas o en los valles, vitales para el sostenimiento de la vida, sino también para navegar. Aquellas "lumbreras" ayudan a los humanos a encontrar su lugar y su tiempo en el espacio-tiempo. Con toda seguridad, lo que se está enfatizando en el día es el propósito del sol, la luna y las estrellas, y no cómo y cuándo comenzaron su existencia.

---

13. El profesor David W. Gooding fue quien me señaló este énfasis por primera vez

La conversación entre Jesús y sus discípulos que tuvo lugar en un oscuro país, escondido en un rincón del vasto Imperio romano, hace veinte siglos, adquiere ahora una dimensión asombrosa. El hombre que se dirigió al grupo de discípulos en aquel día no era otro que el Creador, el Verbo a través de quien todas las cosas llegaron a existir. Él mismo fue el arquitecto y creador del sistema solar acerca del cual estaba hablando. Fue su mente divina la que concibió la idea de un vasto horno nuclear que rodara en el espacio remoto, distorsionara el espacio-tiempo a su alrededor y, así, mantuviera a la Tierra cautiva en su órbita y bañada de su luz y su calor. Fue idea suya poner la fuente de luz fuera del mundo en el cual colocaría después su creación suprema, los hombres y las mujeres hechos a su imagen. Y aquí estaba el Creador, de pie en su planeta Tierra especialmente diseñado, y dignándose explicar a un grupo de sus criaturas humanas por qué había organizado el sistema solar de esa manera. Pienso que deberíamos escuchar, ¿no le parece?

Los discípulos pensaron que seguir a Jesús en su retorno a Judea sería un acto suicida. Ellos permanecerían seguros solamente si se quedaban donde estaban. Para ellos, este era un asunto de simple lógica. Las autoridades de Jerusalén buscaban atrapar a Jesús, de modo que el lugar más seguro para los discípulos, pensaban ellos, era cuanto más lejos de la capital, bien alejados en las provincias. Esa idea se les ocurrió a ellos, desde luego. Es decir, que estaban confiando en una fuente de luz dentro de ellos para ser guiados. Pero eso no era lo que hacían cuando se trataba de caminar en el campo. Ellos viajarían de día, dependiendo de la luz externa del sol. De noche, tropezarían y serían incapaces de encontrar el camino, ya que *la luz no estaba en ellos*. Probablemente ellos no sabían, como lo sabemos nosotros ahora, que ciertas criaturas marinas tienen luz en ellas. Los peces bioluminiscentes[14], por ejemplo, producen luz por medios químicos, y algunos de ellos usan su luz para la navegación. Los humanos no están hechos de este modo. Dependen de una fuente de luz que no solamente no está en ellos, sino que ni siquiera está en su mundo.[15] La Tierra fue deliberadamente construida así, para que girara en torno a su estrella distante de 150 millones de

---

14. El biólogo Andrew Parker, autor de *The Genesis Enigma* (Londres: Doubleday, 2009), es una autoridad mundial en este campo.

15. Si el sol se extinguiera, la vida humana no sobreviviría por mucho tiempo, ni siquiera con fuentes artificiales de luz y calor.

kilómetros, una estrella de la cual es totalmente dependiente para su luz, su calor y su energía.

Jesús está, por supuesto, usando la disposición de la iluminación de la Tierra como poderosa metáfora de algo enteramente a otro nivel. Él esperaba que sus discípulos dedujeran algo simple, pero profundo, de su observación respecto al sol: si en el ámbito físico ellos eran desesperadamente dependientes de una luz externa a ellos, ¿cuánto más en los ámbitos intelectual, espiritual y moral? ¿Dónde estaba la fuente de su comprensión y sus respuestas, dentro de su cabeza o fuera de ella? Esta pregunta no ha perdido nada de su relevancia. La batalla entre las cosmovisiones del teísmo y del naturalismo radica en si existe o no un exterior del cual obtener orientación. Para el ateo, este universo es un sistema cerrado de causa y efecto que, en definitiva, se explica a sí mismo en términos de física y química básicas, su materia y su energía. La única fuente de sabiduría para los ateos proviene del interior de su propia cabeza.

Por el contrario, para el teísta bíblico, este universo es un sistema abierto ni existente ni explicable por sí mismo. Hay una fuente de sabiduría fuera de todo el sistema: Dios. Esto significa, por ejemplo, que, del mismo modo que nuestra Tierra depende del sol externo para su luz, de manera que no podríamos ni siquiera ver nuestro propio planeta sin ella, a nivel superior cualquier explicación final del universo y de los seres humanos que no incluya a Dios se deslizará a la oscuridad. Por esta razón también, los intentos naturalistas de explicar la existencia de la vida meramente en términos de lo no viviente, de la consciencia en términos de la inconsciencia, de lo racional en términos de lo no racional, de los seres humanos tan solo en términos de los animales, de la moralidad en términos de los dictados del dolor y del placer, están destinados a fracasar al final. La triste ironía de la Iluminación es que pone la luz dentro del hombre al hacer de la razón humana el árbitro definitivo.

Hasta aquí llega el nivel filosófico. Las palabras de Jesús respecto a la luz y al sol, no obstante, no fueron dirigidas a científicos ni a filósofos, sino a un grupo de hombres comunes que estaban temerosos por su seguridad física. La lección fue ante todo para ellos. Quizás habían olvidado algo que Jesús ya les había enseñado. En una visita previa a Jerusalén, había hecho otra afirmación profunda acerca de la luz: "Yo soy la luz del mundo; el que me sigue no andará en tinieblas, sino que tendrá la luz de la vida" (Jn. 8:12). Es decir, que Jesús mismo es una fuente de luz. No simplemente cualquier fuente de luz: él es *la* fuente de luz para el mundo. Esta es una afirmación sorprendente, paralela a su posterior declaración: "Yo soy... la verdad" (Jn. 14:6). A aquellos de nosotros que somos científicos nos gusta pensar que, en algún punto del trayecto, hemos arrojado al menos algo de luz sobre un problema, a veces uno muy oscuro, y así hemos hecho avanzar la causa del conocimiento de manera modesta. Unos pocos científicos han tenido el privilegio de arrojar luz sobre problemas humanos hasta entonces intratables, y su solución ha traído grandes beneficios: el descubrimiento de la penicilina, por ejemplo. Pero ningún científico en su sano juicio soñaría jamás, si quiera, con afirmar ser *la* luz.

Jesús lo hizo, y mediante su vida, su muerte y su resurrección probó que su declaración era verdad.

Además, Jesús dio a entender que él era una *fuente móvil* de luz. Es obvio que si una luz se está moviendo, solo beneficiará si se le sigue el ritmo. Lo mismo ocurre con Cristo. Para permanecer en su luz, y que esta ilumine nuestro camino, debemos ir a la par de él: "el que me sigue... tendrá la luz de la vida". El desafío a los discípulos fue claro. La luz dentro de sus cabezas les decía que se encaminaban hacia la oscuridad, probablemente hacia la muerte. Pero Jesús les dijo que si lo seguían a él, una luz viajera externa a ellos, descubrirían que él era la mismísima luz de la vida. Cuánto de esto entendieron ellos entonces, lo desconocemos. Lo que sabemos es que lo siguieron; pero, por parte de Tomás al menos, lo hizo con un ánimo de renuente pesimismo: "Vamos nosotros también para morir con él" (Jn. 11:16). Al menos fueron. Y fue bueno que lo hicieran.

El viaje condujo a un cementerio en Betania, donde Lázaro, difunto ya hacía cuatro días, yacía enterrado en una tumba de las de Oriente Medio, llorado por sus hermanas. Jesús le anunció a Marta que su hermano Lázaro resucitaría. Ella replicó que esperaba ciertamente su resurrección en el día final. Acerca de esto, Jesús hizo una asombrosa declaración adicional: "Jesús le dijo: Yo soy la resurrección y la vida; el que cree en mí, aunque muera, vivirá, y todo el que vive y cree en mí, no morirá jamás. ¿Crees esto?" (Jn. 11:25-26). Con notable compostura, ella respondió: "Sí, Señor; yo he creído que tú eres el Cristo, el Hijo de Dios, el que viene al mundo" (Jn. 11:27).

Su fe no tardó en ser justificada. Jesús ordenó que la piedra que cubría la entrada de la tumba fuera retirada, contra la protesta realista de Marta de que habría un olor hediondo. Él entonces mandó a Lázaro que saliera. Y Lázaro, atado con mortajas, hizo exactamente eso. Fue una corroboración espectacular de la declaración de Jesús de ser la resurrección y la vida. Para los discípulos, esto puso a la muerte bajo una luz diferente. El Jesús al que ellos seguían tenía poder sobre la muerte. Ellos nunca pensarían de nuevo en ella de la misma manera. Ni nosotros tampoco deberíamos.

Pero había otro aspecto. Las hermanas habían enviado un mensaje, contando con el amor de Jesús por la familia. Ellas supusieron que él vendría y sanaría a Lázaro. Y cuando él llegó tarde, le hicieron cierto reproche: "Señor, si hubieras estado aquí, mi hermano no habría muerto" (Jn. 11:21, 32). Ellas también habían estado dependiendo de la luz que había en ellas, y esta casi les hizo dudar del amor que Jesús sentía por ellos. Las circunstancias de la vida nos hacen eso a menudo. A veces tratamos de usar nuestro poder de razonamiento para encontrarle sentido a lo que ha ocurrido, y fracasamos. Necesitamos luz exterior.

Aquí no hay, desde luego, respuestas fáciles, aunque una cosa es clara: el ateísmo no tiene esperanza que dar. Para el ateísmo, la muerte es la oscuridad definitiva. Pero Cristo ha mostrado que la muerte no es el final. Además, para quienes confían en él como Señor y Salvador ha de haber una gozosa resurrección. La prueba de esto no es tanto que Jesús resucitara a Lázaro, sino que él mismo resucitara al tercer día y se presentara a muchos testigos (1 Co. 15:1-11).

LA BONDAD DE LA CREACIÓN

Uno no puede leer Génesis 1 sin advertir el constante apotegma: "Y vio Dios que era bueno" (Gn. 1:4, 10, 12, 18, 21, 25), que culmina en la evaluación final en el día 6: "Y vio Dios todo lo que había hecho, y he aquí que *era* bueno en gran manera" (1:31). Dios no es una distante figura deísta desinteresada en su obra. Él estima a su creación con el entusiasmo y el gozo de un hábil artista que se deleita en lo que ha hecho, conforme ve que se va formando y organizando paso a paso, hasta que la maravillosa armonía de su obra completa está frente a él, completamente apta para el glorioso propósito para el cual la planeó.

Tristemente, no pasaría mucho tiempo antes de que la armonía original de la creación fuera alterada, cuando los primeros humanos fracasaron en el nivel superior de la bondad moral, y el pecado entró en el mundo para traer interminable devastación. Tan seria es esa infección moral que la tarea de restaurar a hombres y mujeres a la comunión con su Creador involucrará algo mucho mayor que la creación misma: nada menos que el Creador tornándose humano, muriendo a manos de sus criaturas y resucitando en triunfo sobre el pecado y la muerte.

Sin embargo, al principio todo era perfecto. ¡Qué diferente de las filosofías panteístas que consideraban la materia como esencialmente mala, y sostenían que nuestra sabiduría sería escapar por completo de ella! Ciertamente, como la creación material fue originalmente perfecta, un día habrá una nueva creación, nuevos cielos y una nueva tierra, que también serán perfectos, y la justicia morará en ellos (ver 2 Pedro 3:13; Apocalipsis 21).

Mientras tanto, que Dios haya puesto a los seres humanos a cargo de una buena creación nos recuerda también nuestra responsabilidad hacia Dios como administradores de la creación. No es propiedad nuestra, sino de Dios; y no somos libres de abusar de ella, de derrocharla ni de arruinarla. De hecho, Dios toma muy en serio nuestra actitud hacia la tierra, ya que llegará un día en el que Dios juzgará a aquellos que destruyen la tierra (Ap. 11:18b).

EL SÁBAT

Génesis 1 tiene mucho más que enseñar, pero nos contentaremos y concluiremos, de un modo baste adecuado, con algunos comentarios sobre el Sabbat. Leon Kass nos recuerda que los mesopotámicos y los babilónicos tenían ciclos de siete días asociados con las fases de la luna; y tenían su propio *sabattu*, el día de la luna llena, un día de ayuno y mal agüero.[16] "Por el contrario, el séptimo día era, para los hijos de Israel, completamente independiente de toda atadura celestial, salvo del Creador de los cielos. Estableció un calendario

---

16. Ver también Gordon J. Wenham, *Genesis 1–15*, Word Biblical Commentary (Waco, TX: Word Books, 1987), 35, quien sugiere que el Sabbat puede haber sido introducido como respuesta enérgica al ciclo mesopotámico regulado por la luna.

completamente disociado de los ciclos de los cuerpos celestiales[17] y, en su lugar, conmemoró a su Creador, Aquel que está por encima y más allá de su movimiento incesante".[18] Así, la institución del Sabbat nos recordaría el peligro siempre presente para los seres humanos de convertirnos en subordinados de la creación y no del Creador (Ro. 1:25).

El Nuevo Testamento menciona el Sabbat en varios contextos. Seleccionamos solamente uno, en el cual el concepto de Sabbat se usa para ayudarnos a captar una doctrina cristiana fundamental a menudo mal entendida. El escritor de Hebreos cita el pasaje sobre el Sabbat de Génesis 1 y, después de una prolongada explicación sobre la naturaleza del reposo, concluye diciendo: "Queda, por tanto, un reposo sagrado para el pueblo de Dios. Pues el que ha entrado a su reposo, él mismo ha reposado de sus obras, como Dios reposó de las suyas" (He. 4:9-10).

Aquí, una vez más, el autor bíblico usa un concepto de Génesis a modo de metáfora de algo real a un nivel más profundo. En este pasaje, "las obras de Dios" se refiere a la obra de la creación, de la cual Dios descansó en el séptimo día. Dios realizó la labor creadora y, después, descansó de ella. Nosotros heredamos un universo que no creamos.

Es importante, que aquellos de nosotros en particular que somos científicos, nos recordemos este hecho a nosotros mismos, de vez en cuando. Nosotros no pusimos aquí el universo. No creamos los objetos de estudio científico. Estudiamos algo que se nos ha dado. Esta simple idea tiene consecuencias. Significa, por ejemplo, que le corresponde al universo moldear nuestras ideas respecto a cómo funciona, en lugar de que nosotros decidamos en nuestras cabezas cómo debe hacerlo, y entonces forzar al universo a obedecer. Todos necesitamos que se nos recuerde esto y el principio general que consagra. El Rabino Principal británico Jonathan Sacks escribe acerca del Sabbat: "Es un día que establece un límite a nuestra intervención en la naturaleza y a nuestra actividad económica. Nos volvemos conscientes de ser creaciones, no creadores. La tierra no es nuestra, sino de Dios... El Sabbat es un recordatorio

---

17. Conviene recordar esto ya que nuestros nombres españoles de los días de la semana derivan de los nombres de planetas y deidades paganas.

18. Leon Kass, *The Beginning of Wisdom* (Chicago: University of Chicago Press, 2006), 52.

semanal de la integridad de la naturaleza, y de los límites del esfuerzo humano".[19]

Son esos "límites del esfuerzo humano" de los cuales el pasaje de Hebreos se ocupa. Todos nosotros anhelamos descanso. No se trata meramente de tomarse un día regular de descanso y de recuperación, o pasar unas vacaciones muy necesarias, sino de un respiro de la presión constante por lograr cosas. Esa presión convierte a muchas personas en trabajólicos, impulsados hacia una meta inalcanzable del logro que les daría, según esperan, alguna significación duradera. Pero hay otras cosas que nos inquietan: la soledad, las relaciones rotas, la frustración, los deseos incumplidos, la culpa, el dolor, la enfermedad, las heridas, las cargas de la familia y de los amigos, y una multitud de otras cosas. Somos seres inquietos. Hace mucho que San Agustín de Hipona rastreó la causa de esto hasta llegar a la creación: "Nos creaste para Ti y nuestro corazón andará siempre inquieto mientras no descanse en Ti".[20]

San Agustín pensaba seguramente en la solución a esta inquietud proporcionada por el mismo Jesús: "Venid a mí, todos los que estáis cansados y cargados, y yo os haré descansar. Tomad mi yugo sobre vosotros y aprended de mí, que soy manso y humilde de corazón, y hallareis descanso para vuestras almas. Porque mi yugo es fácil y mi carga ligera" (Mt. 11:28-30).

La invitación de Jesús es clara. Ese reposo viene cuando estamos preparados para ir a él y aceptar lo que él llama "mi yugo", es decir, aceptar su autoridad y su liderazgo. En el corazón del cristianismo está la disposición de confiar en Jesús como Señor y Salvador, y así recibir perdón y paz con Dios. El problema es que, en un mundo donde los logros y los méritos valen tanto, a los seres humanos nos resulta difícil de entender y de aceptar que el perdón y la paz de Dios no se pueden ganar con nuestro trabajo, nuestro esfuerzo o nuestro mérito, sino que se deben recibir como un regalo gratuito.

Y aquí, dice la carta a los Hebreos, es donde el Sabbat puede ayudarnos. No ahora al nivel de descansar un día de cada siete, sino a entender el principio involucrado. Dios realizó la obra de crear el

---

19. Jonathan Sacks, *The Dignity of Difference: How to Avoid the Clash of Civilisations* (Nueva York and London: Continuum, 2002), 167.

20. Agustín de Hipona, *Confesiones* (México, D.F.: Ediciones Paulinas, 1980), Libro I, 1:1, pág. 9.

universo, y entonces descansó. Heredamos una creación por la cual no trabajamos ni hicimos méritos, ni ganamos. La entrada en el reposo espiritual de Dios —recibir su perdón, su salvación y su paz— procede exactamente de la misma manera. Dios ha completado la obra sobre la cual reposa la salvación: la muerte de Cristo en la cruz por el pecado humano. Para entrar en el reposo de Dios, debemos descansar en la obra que Cristo ha realizado, no en la obra que hacemos nosotros. Pablo deja clarísimo este principio: "Ahora bien, al que trabaja, el salario no se le cuenta como favor, sino como deuda; mas al que no trabaja, pero cree en aquel que justifica al impío, su fe se le cuenta por justicia" (Ro. 4:4-5).

DE VUELTA AL COMIENZO: UNA NOTA PERSONAL

Hace más de cuarenta años que me casé. En la ceremonia nupcial un hombre extraordinario se dirigió a Sally y a mí. En su juventud había sido boxeador peso pesado, de la clase que se enfrenta a todos los que llegan a las ferias. Cuando se convirtió, su vida adquirió un carácter marcadamente diferente. Volvió de adulto a la escuela y se sentó con niños para tratar de retomar su educación. Tenía una memoria prodigiosa, y fue capaz de desarrollar un conocimiento enciclopédico de la Biblia, que usó con gran resultado para comunicar la fe cristiana a todos, desde trabajadores portuarios hasta estudiantes de Cambridge, que lo amaban por su franqueza y su honestidad. Su nombre era Stan Ford.

Su sermón nupcial se centró en el texto "En el principio Dios creó los cielos y la tierra". Stan no era un científico, aunque respetaba la erudición; pero el punto que estableció en aquel día ha reverberado poderosamente a través de nuestra vida de casados. Se basaba en las primeras cuatro palabras de su texto: "En el principio Dios...". Una boda era un nuevo principio, explicó, y habría otros muchos nuevos principios en el futuro. El fundamento de cada nuevo principio era que Dios estuviera en él. Hemos comprobado que tenía razón. ¿Qué sería un principio sin Dios? El universo mismo no podría haber comenzado sin él.

Si algo de esto suena demasiado a predicación, ¡sólo recuerde que no criticamos a las personas apasionadas por la ciencia o el fútbol! En todo caso, no pienso que haga daño alguno. Una cosa es luchar con el significado de los días de Génesis; entender, aplicar y vivir todo el mensaje de Génesis es otra. Y si no hacemos esto último, no estoy seguro de que lo primero nos vaya a beneficiar mucho.

Ahora que pienso en ello, nunca le pregunté a Stan acerca de los días. Ahora es demasiado tarde. La ironía es que ahora él sabe mucho más acerca de ellos que lo que yo sé, o sabré jamás en esta vida.

¿Cuál ha de ser, pues, nuestra actitud hacia otros que no concuerdan con nosotros, cualesquiera sean las opiniones que sostengamos? Con seguridad, el antiguo adagio lo afirma más o menos bien: "En lo esencial, unidad; en lo no esencial, libertad; y en todas las cosas, caridad".

¡Pero ahí debemos dejar descansar las cosas en realidad! ¡Ya es hora de tener un Sabbat!

APÉNDICE A
Un breve trasfondo de Génesis

El libro de Génesis se escribió, originalmente, en hebreo, y su título en ese idioma proviene de la primerísima palabra del texto, *bereshít*, que significa "En el principio".[1] Los traductores primitivos del libro al griego fueron quienes le dieron el título "Génesis" ("origen" en griego). Edward J. Young, un distinguido erudito en hebreo, afirma que el texto tiene las marcas de una prosa narrativa que describe una sucesión de acontecimientos. Carece de una característica principal de la poesía hebrea, a saber, el paralelismo de dos líneas, donde se realiza una manifestación en una sola línea, que después se repite con diferentes palabras en la línea siguiente. Por ejemplo:

> A ti, oh SEÑOR, clamé,
> Y al Señor dirigí mi súplica
> (Sal. 30:8)

No obstante, Young también señala que Génesis tiene ciertas características que serían inusuales en la prosa llana. Por ejemplo, contiene apotegmas reiterados como "y vio Dios que era bueno" y repeticiones como "Y dijo Dios" y "y fue hecho". De aquí que la impresión sea la de un texto que está escrito en un "lenguaje exaltado, semipoético" en el sentido de que presenta algunos elementos semipoéticos que sirven para hacerlo memorable, pero sin quitar el propósito de una narración ordenada. Por cierto, ambas frases arriba mencionadas sirven para introducir las que son claramente unas afirmaciones factuales, no poéticas, sobre la creación y la organización del universo físico mismo.

Respecto al género de Génesis 1, C. John Collins escribe: "Hemos calificado el pasaje de narración, y esto es apropiado por el uso de

---

1. Este uso es muy antiguo y era común en el mundo semítico antiguo desde el siglo XVIII a.C. Ver K. A. Kitchen, *The Old Testament in Its Context*, www.biblicalstudies.org.uk/pdf/ot_context–1_kitchen.pdf old_testament_in_its_context, pp. 9-10.

la *wayyiqtol*[2] para denotar acontecimientos sucesivos. Pero debemos reconocer que es, en realidad, una narración inusual, no solo por los acontecimientos únicos descritos, y la falta de otros actores excepto Dios, sino por la forma altamente estructurada de narrarlo todo".[3]

El texto de Génesis nos llega del antiguo Cercano Oriente, de modo que cualquier intento de comprenderlo será enriquecido por el conocimiento de la cultura y la literatura de ese tiempo. Pero ¿de qué cultura, en qué momento? Génesis habla de la fundación de las grandes ciudades del antiguo Cercano Oriente en Mesopotamia, y describe el peregrinaje de Abraham desde Ur de los Caldeos a Canaán, seguido por el desplazamiento de su familia a Egipto. De modo que las culturas de Mesopotamia, Canaán y Egipto entran en el cuadro. Tradicionalmente, aunque su nombre no se menciona en el libro, la autoría de Génesis se atribuye a Moisés, y a Génesis se le suele denominar a menudo "el Primer Libro de Moisés".[4] Esto significaría que data de una época entre los siglos XV y XIII a.C.

Respecto a cómo entendieron el texto de Génesis quienes vivían en la cultura que, en última instancia generó, tenemos las pruebas de los Testamentos Antiguo y Nuevo para mostrarnos que tomaron el material de Génesis como historia. El historiador judío Josefo, en su introducción a su famosa *Antigüedades de los judíos*, escrita alrededor del año 110 d.C., demuestra una aguda consciencia de la diferencia entre un relato factual cuidadosamente investigado de la historia, por una parte, y fábulas e invenciones deliberadas por la otra.

Con respecto a esto es interesante comparar el relato de Génesis con la literatura de culturas antiguas contemporáneas. Un ejemplo importante es la epopeya babilónica *Enuma Elish*, cuyo título significa "Cuando en lo alto", traduciendo las primeras dos palabras de esta epopeya que fue escrita en el período babilónico antiguo[5] (segundo milenio a.C.), y acabado hacia el año 1000 a.C., según el erudito del antiguo Cercano Oriente, K. A. Kitchen.[6] *Enuma Elish*

---

2. Forma verbal hebrea.
3. C. John Collins, *Genesis 1–4: A Linguistic, Literary, and Theological Commentary* (Phillipsburg, NJ: P&R, 2006), 43.
4. En alemán, por ejemplo.
5. Georges Roux, *Ancient Iraq* (Londres: Penguin, 1992), 95.
6. K. A. Kitchen, *On the Reliability of the Old Testament* (Grand Rapids: Eerdmans, 2003), 424.

fue una historia de gran importancia cultural entre los babilónicos, y su recitación por los sacerdotes formaba la atracción principal del cuarto día del festival anual del Año Nuevo. Sin embargo, *Enuma Elish* no es tanto un relato de la creación como la historia de la guerra entre los dioses babilónicos. Relata cómo el dios Marduk ganó su supremacía, con la creación como subproducto de su batalla. Marduk derrotó a la diosa Ti'amat y dividió el cuerpo de ella en dos partes. Con una hizo la tierra y con la otra el cielo. En el relato babilónico, la creación es, pues, secundaria; los dioses y sus guerras dominan el escenario.[7] A continuación, unas cuantas primeras líneas para mostrar el sabor de la epopeya:

Enuma Elish la nabu shamanu...

Cuando los cielos arriba no eran nombrados
ni la tierra abajo llamada por su nombre,
cuando el primer Apsu, su procreador,
Mummu, Tiamat, que a todos había engendrado
Entremezclaron sus aguas
Pero las cámaras sagradas no habían sido consolidadas
Ni se podían encontrar cañas en los juncales
Cuando ninguno de los dioses resplandecía
Ni eran llamados por sus nombres
Cuando los destinos no estaban fijados,
Entonces nacieron de su seno.[8]
[*N.T. Enuma Elish, Poema de la creación
Tomado de http://clasesmarian.blogspot.com.es/2010/09/se-trata-de-6-tablillas-en-las-que-se.html]

Se ha llamado la atención hacia ciertas similitudes entre el relato de Génesis y *Enuma Elish*. Por ejemplo, *Enuma Elish* está escrita en siete tabletas y el relato de Génesis habla de siete días; hay un orden similar de creación: cielos, mares y tierra; y en la sexta tableta, como en el sexto día, los humanos son creados.

7. Kitchen escribe: "En términos de temas, la creación es el interés abrumadoramente central de Gen 1–2, pero es un mero apéndice en *Enuma Elish*, que está dedicado a representar la supremacía del dios Marduk de Babilonia". (*Ibid.*).
8. Roux, *Ancient Iraq*, 96. Para una traducción levemente diferente, ver Maximiliano García Cordero, *Biblia y legado del Antiguo Oriente* (Madrid: Biblioteca de Autores Cristianos, 1977), 7, (N.T.)

Estas correspondencias han llevado a algunos eruditos a conjeturar que el relato de Génesis deriva de la *Enuma Elish* babilónica (y argumentan, de forma similar, que la narración del diluvio de Génesis deriva de las epopeyas de *Gilgamesh* y *Atrahasis*).[9] Piensan que la idea de Dios transformando un caos inicial en un cosmos es un retroceso, no solo a un estado temprano del universo, sino a mitos relacionados con un poder caótico primigenio que se enfrentó a los dioses. Algunos sostienen, además, que estas dependencias muestran que Génesis es de fecha comparativamente tardía, y que se compuso en el tiempo del exilio babilónico en el siglo VI a.C.[10]

No obstante, muchos eruditos señalan que las similitudes superficiales enmascaran diferencias mucho más significativas. Lo más llamativo es que Génesis carece del tema central de la epopeya babilónica, la teogonía, es decir, un relato de la generación de los dioses que es una característica común de las mitologías del antiguo Cercano Oriente.[11] El Dios de Génesis es totalmente distinto. Él no fue creado por el universo, como lo fueron los dioses paganos. Es exactamente al revés. El Dios de Génesis no es en absoluto un Dios creado; él es el Creador del universo.

Además, según Génesis, los seres humanos son creados a la imagen de Dios como pináculo de Su creación: "Hagamos al hombre a nuestra imagen"; según la *Enuma Elish*, por otra parte, los seres humanos son creados como una ocurrencia tardía, para aliviar el trabajo de los dioses:

> Déjenme crear un salvaje primitivo al que llamaré lullu, el hombre.
> Crearé un hombre salvaje
> para que esté al servicio de los dioses,
> para que éstos puedan estar en paz.[12]
> [*N.T. Tomado de https://labastillaenletras.wordpress.com/tag/enuma-elish/]

9. Data de la primera mitad del segundo milenio a.C. Ver Kitchen, *On the Reliability of the Old Testament*, 423.

10. A menudo, en base a la supuesta y en gran medida abandonada Hipótesis Documental, que fue popular en la primera parte del siglo pasado.

11. Tales teogonías describen de forma característica cómo se generan los dioses a partir de la materia primigenia, de modo que los dioses son, en terminología contemporánea, deificaciones de la naturaleza y sus poderes. Estos dioses eran, pues, dioses "materiales", lo que significa que tales cosmovisiones antiguas están mucho más próximas al materialismo contemporáneo de lo que pudiera parecer al principio.

12. Roux, *Ancient Iraq*, 98. Para una traducción levemente diferente, ver García Cordero, *Biblia y legado del Antiguo Oriente*, 13, (N.T.)

Del mismo modo y al contrario de los mitos mesopotámicos, Génesis tiene una multiplicidad de dioses y diosas guerreros; los cielos y la tierra no son hechos de un dios, no hay bestias míticas, y, curiosamente, no hay deificaciones de las estrellas, los planetas, el sol ni la luna; en Génesis 1 ni siquiera se usan los nombres comunes de los dos últimos.

El universo al que Génesis nos introduce no es una construcción mítica; es nuestro mundo familiar con luz, cielo, mar y tierra, plantas, peces y animales y seres humanos. Génesis se ocupa de acontecimientos reales y no míticos en el mundo. Y, sobre todo esto, preside Dios, el Creador no creado, pronuncia su Palabra creadora de modo que todo se cumpla. Si Génesis depende del relato babilónico, como se afirma, ¿por qué es, pues, tan absolutamente diferente de ese relato? Su afirmación de que hay solamente un Dios, el Creador, quien es distinto de su creación, está en directa contradicción con las interpretaciones idólatras del universo dispuestas en el corazón de las mitologías de Babilonia y en otros lugares.[13] Al adjudicar la creación a un Dios supremo quien no es, él mismo, parte de la creación, Génesis protesta por su propia naturaleza contra semejante politeísmo.[14] Por ejemplo, adjudicarle al sol el humilde papel de lumbrera en lugar de la función de un dios habría sido un poderoso desafío contra la mitología de la tierra del gobierno de José y de la crianza de Moisés, donde el dios supremo era el dios sol, Ra, cuyo nombre estaba inserto en el título del monarca, el Fa-*Ra*-ón.

Una respuesta a esta situación paradójica es la sugerencia de que un texto mitológico original ha sufrido un proceso de des-deificación gradual, una extirpación de dioses e ideas mitológicas para convertirlo en una protesta contra la idolatría de Babilonia que tanto agraviaba a los judíos en el exilio.[15] Sin embargo, K. A. Kitchen discrepa: "La suposición común de que el relato hebreo es simplemente una versión purgada y simplificada de la leyenda babilónica (aplicada también a las historias del diluvio) es falaz en su base metodológica. En el antiguo Cercano Oriente, la regla es que los relatos

---

13. Hay grandes similitudes entre los politeísmos de Asiria, Egipto, Canaán y Babilonia.

14. Pablo protesta contra la idolatría de los atenienses, y usa precisamente este argumento a partir de la creación. Ver Hechos 17:22-25.

15. Análoga a la des-deificación que fue necesaria en el pensamiento griego para que pudiera iniciarse el pensamiento científico.

o las tradiciones simples pueden originar (por añadidos y florituras) leyendas elaboradas, pero no viceversa. En el Antiguo Oriente, las leyendas no se simplificaban ni transformaban en pseudohistorias (historiadas) como se ha supuesto en el caso del Génesis inicial".[16] En todo caso, no tuvo lugar ninguna des-deificación, por la simple razón de que no había necesidad de ella. El relato de Génesis fue escrito por alguien que, ante todo, nunca creyó en una multiplicidad de dioses.

La idea de que el libro fuera el producto de una revisión y reinterpretación sustanciales de mitologías previas también es rechazada por Allan Millard, quien descubrió y descifró uno de los textos babilónicos antiguos sobre el diluvio, que había quedado olvidado en una gaveta del Museo Británico. Millard señala: "Todavía está por demostrarse que haya habido apropiación, ni siquiera indirectamente... todos los que sospechan o sugieren apropiación por parte de los hebreos están forzados a admitir una revisión, una alteración y una reinterpretación a gran escala, de una manera que no puede sustanciarse en ninguna otra composición del antiguo Cercano Oriente ni de ningún otro escrito hebreo".[17]

Más recientemente, Kitchen argumenta que aunque hay analogías entre el contenido de Génesis 1 a 11 y la rica herencia literaria del antiguo Cercano Oriente, en el sentido que las narraciones de Génesis también hablan de la creación y un diluvio,[18] no hay relación directa entre Génesis y esas otras tradiciones: "A pesar de las reiteradas afirmaciones de una generación previa de eruditos bíblicos, *Enuma Elish* y Génesis 1-2 no comparten relación directa alguna. Así, la palabra *tehom/thm* es común al hebreo y al ugarítico

16. K. A. Kitchen, *Ancient Orient and Old Testament* (Londres: Tyndale Press, 1966), 89.
17. Alan Millard, "A New Babylonian 'Genesis Story,'" en Richard S. Hess y David T. Tsumura, eds., *I Studied Inscriptions from before the Flood: Ancient Near Eastern and Literary Approaches to Genesis 11* (Winona Lake, IN: Eisenbrauns Inc., 1994).
18. Debería mencionarse que las tradiciones paralelas son pruebas de que hubo un acontecimiento común que las desencadenó. Por ejemplo, la famosa Lista de Reyes sumeria enumera a reyes y dinastías antediluvianos, a continuación el diluvio, y después una larga secuencia de dinastías postdiluvianas. Este documento data de entre los siglos XX y XIX a.C. Kitchen señala: "La importancia de este documento para nuestro propósito es que muestra la convicción sumeria y babilónica de que un diluvio específico interrumpió una vez el curso de su historia más primitiva y fue *ipso facto* un acontecimiento histórico según sus cálculos. Por tanto, muestra con ello que el acontecimiento atestiguado también por Génesis y las epopeyas pertenece a la «protohistoria», no al mito". Ver K. A. Kitchen, *The Old Testament in Its Context*, www.biblicalstudies.org.uk/pdf/ ot_context-1_kitchen.pdf old testament in its context, 3.

(siríaco del norte), y no significa nada más que «profundidad, abismo». No es una deidad, como Ti'amat, una diosa en *Enuma Elish*".[19] En otra parte resume: "Los intentos realizados en el pasado para establecer una relación definida entre Génesis y las epopeyas babilónicas tales como *Enuma Elish* han sido ahora abandonados; en contenido, propósito, teología y filología hay divergencia y ausencia de vínculo demostrado".[20]

Esto nos retrotrae al tema de la datación. Kitchen señala varias líneas de pruebas que convergen en una fecha temprana:

1. El tema de la división de lenguajes mencionado en Génesis 11 es muy antiguo; también está registrado en una composición sumeria del siglo XIX o XVIII en relación con un rey que vivió aproximadamente en 2600 a.C.

2. La clase de estructura exhibida por Génesis 1–11 no se conoce en el antiguo Cercano Oriente después de 1600 a.C. y es característica de documentos anteriores a ese tiempo.

3. El uso de la escritura cuneiforme por parte de los escribas se diseminó desde Mesopotamia hasta lugares tan remotos como a Canaán, Jasor y hasta Hebrón hacia el siglo XVII a.C., de modo que el relato pudo haberse escrito ya en ese tiempo.

Kitchen resume la evidencia como sigue:

> De modo que no se puede admitir objeción alguna a la esencia de Génesis 1–11 que proceda de occidente en esta época; su formulación escrita en hebreo primitivo puede haber seguido, pues, más tarde e independientemente. La tradición patriarcal la habría transmitido entonces en Egipto (como tradición familiar) hasta el siglo XIV o XIII, posiblemente poniéndola entonces primeramente por escrito... Es parte de los niveles más antiguos de la tradición hebrea, como lo eran los relatos mesopotámicos en su cultura.

Con respecto a los registros bíblicos de la creación, que tienen una fecha posterior, Kitchen añade:

---

19. Kitchen, *On the Reliability of the Old Testament*, 424.
20. K. A. Kitchen, *The Old Testament in its Context*, www.biblicalstudies.org.uk/pdf/ot_context – 1_kitchen.pdf old testament in its context, 3.

En términos bíblicos, el relato de Génesis 1-11 está en agudo contraste con el otro único relato hebreo extenso de los orígenes, que comenzó por el principio, escrito por ese autor indudablemente postexílico, el Cronista, del 430... Es notable que este no diera una versión posterior de la creación, la caída, el diluvio, etc., y que resumiera de forma simple y llana la "historia" completa, desde Adán hasta Abraham, genealógicamente, apenas en la primera parte de un capítulo (1 Cr. 1:1-28). Las modas habían cambiado radicalmente entre el siglo XIX y el siglo V a este respecto, como muchas otras cosas de la vida antigua.[21]

A estas alturas, el lector atento puede estarse preguntando cómo la fecha de composición del texto original de Génesis puede tener alguna importancia real, ya que los politeísmos del tiempo de Moisés no eran, después de todo, muy diferentes de aquellos del período del exilio babilónico judío. Poner el principal énfasis en el trasfondo politeísta (que el texto mismo no menciona explícitamente) puede robar la atención del primer plano, el tema de los orígenes (que el texto menciona explícitamente). Por ejemplo, se sugiere con frecuencia que el texto de Génesis es teológico y literario, y no histórico o científico, como si esas fueran las únicas categorías que debieran considerarse o, más importante, como si fueran categorías mutuamente excluyentes. Es, sin embargo, del todo posible que un texto nos informe sobre hechos objetivos y que, a la vez, tenga un propósito teológico. Génesis hace exactamente eso. En palabras de C. John Collins: "Génesis nos ofrece la verdadera historia del pasado de la humanidad".[22]

---

21. Kitchen, *On the Reliability of the Old Testament*, 427.
22. Collins, *Genesis 1–4*, 243.

APÉNDICE B
La interpretación del templo cósmico

La idea de que los capítulos iniciales de Génesis tienen que ver con la creación de un "templo cósmico" ha sido presentada de diversas formas por cierto número de autores. Por ejemplo, Gordon Wenham señala que muchas de las características del jardín de Edén también se hallan en santuarios posteriores, particularmente en el tabernáculo o el templo de Jerusalén. Él considera estos paralelos como sugestivos de que "el jardín mismo es entiende como una especie de santuario".[1] Rikki E. Watts, quien sostiene la opinión del esquema estructural, señala que el Antiguo Testamento está "inundado de imaginería arquitectónica cuando describe la creación" (como los famosos cimientos y columnas de la Tierra que vimos antes). Desde esta perspectiva, él ve Génesis 1 "como un relato «poético» en el cual se proclama a Yahvé, el Dios de Israel, constructor de la creación, su palacio-templo. Es él quien por el fíat de su orden regia proveyó las estructuras fundamentales de la antigua experiencia humana y quien llenó esos subámbitos con sus gobernantes, sobre todo lo cual él ha colocado a la humanidad, la portadora de su imagen, como su vicerregente".[2]

Más recientemente, John Walton escribe: "Desde la idea de que el templo se considerado un minicosmos, es fácil moverse hacia la idea de que el cosmos puede verse como un templo".[3] Ahora bien, aunque Walton es un hebraísta, un tercio de su libro está dedicado a las implicaciones de su obra para la relación entre la ciencia y el registro de Génesis. Esto me envalentona, como científico que está profundamente interesado en el lenguaje y la lógica de los argumentos

---

1. Gordon Wenham, "Sanctuary Symbolism in the Garden of Eden Story," in *Proceedings of the Ninth World Congress of Jewish Studies* (Jerusalem: World Union of Jewish Studies, 1986), 19.

2. Rikki E. Watts, *Making Sense of Genesis 1*, Science in Christian Perspective, 2002. See http://www.asa3.org/ASA/topics/Bible-Science/6-02Watts.html.

3. John Walton, *The Lost World of Genesis One* (Downers Grove, IL: InterVarsity, 2009), 83.

(aunque no soy hebraísta), para hacer algún comentario sobre lo que ha escrito Walton.

¿UNA ONTOLOGÍA FUNCIONAL PARA GÉNESIS 1?

Lo que me interesa en particular acerca de la obra de Walton no es tanto que pueda haber alguna correspondencia entre el cosmos y el templo, sino su convicción de que Génesis 1 no se refiere en absoluto a la creación material, y que es más bien un relato funcional del cosmos como templo. Walton cree, desde luego, que Dios estuvo involucrado en los orígenes materiales del universo. Su argumento es, no obstante, que "Génesis 1 no es esa historia",[4] sino un relato de los "orígenes funcionales". Walton admite: "Teóricamente podría ser ambas cosas. Pero suponer que solo tenemos que tener un relato material, si hemos de decir algo significativo, es imperialismo cultural".[5]

¿De verdad es una cuestión del imperialismo cultural de un "tenemos que" previo? La idea de que los lectores antiguos pensaban de forma universal en términos funcionales está reñida con la afirmación del propio Walton, de que la suya "no es una opinión que haya sido rechazada por otros eruditos; tan solo es una que ellos nunca han considerado, porque su ontología material era una presuposición ciega para la cual jamás se consideró alternativa alguna".[6] Esta es una declaración muy sorprendente. Sin duda, si los antiguos lectores pensaban solamente en términos funcionales, ¿no estaría la literatura llena de esto, y los eruditos muy al tanto de ello?

Uno de los aspectos centrales del argumento de Walton es que la ontología de Génesis es funcional y no material. Él asegura que "la gente en el mundo antiguo creía que algo existía no en virtud de sus propiedades materiales, sino en virtud de tener una función en un sistema ordenado. Aquí no me refiero a un sistema ordenado en términos científicos, sino a un sistema ordenado en términos humanos, es decir, en relación con la sociedad y la cultura".[7]

Walton asegura que hay evidencia en favor de esta opinión en los relatos del antiguo Cercano Oriente. Sin embargo, dado que el relato

4. *Ibid.*, 96.
5. *Ibid.*, 171.
6. *Ibid.*, 44.
7. *Ibid.*, 26.

bíblico difiere significativamente de esos relatos, como lo muestra el apéndice A, es difícil ver exactamente cuánto peso se le pueda adjudicar a este argumento. En todo caso, Walton recalca mucho el significado de la palabra hebrea *bara* (crear) y asegura que tiene que ver con funciones. Enumera algunas palabras que son objeto de *bara*, y asegura que "los objetos gramaticales del verbo no son fácilmente identificables en términos materiales",[8] aunque no ofrece análisis detallado alguno. Mirando su lista, no obstante, me da la impresión de que muchos de los objetos de *bara* son fácilmente identificables en términos materiales, en especial aquellos que aparecen en Génesis.

Génesis 1:1 se refiere a la creación del cielo y la tierra. No hay aquí indicio de una dimensión funcional "en relación con la sociedad y la cultura"; los humanos todavía no han sido creados. De manera similar, Génesis 1:21 habla de la creación de las grandes criaturas marinas. Nuevamente no hay dimensión funcional aquí. Génesis 1:27 se refiere a la creación de los seres humanos a su imagen como varón y hembra. Aquí hay, sin duda, tanto una dimensión física como una dimensión funcional, esta última enfatizada por el mandamiento subsiguiente de multiplicarse, llenar la tierra y someterla. Por cierto, me alentó leer que Walton colocaba una discontinuidad sustantiva entre los procesos evolutivos y la creación de los históricos Adán y Eva.[9] Génesis 2: 3 alude a que Dios descansó de "toda la obra que había hecho", incluyendo así tanto el generar el mundo, las criaturas y los humanos como atribuirles funciones. Génesis 2:4 se refiere de nuevo al "día en que el Señor Dios hizo la tierra y los cielos", sin indicio de función. Génesis 5:1 dice: "Este es el libro de las generaciones de Adán. El día que Dios creó al hombre, a semejanza de Dios lo hizo". El contexto es el de Adán y sus descendientes físicos, que conduce a una explicación de los problemas ocasionados por la constitución de los seres humanos al ser en parte espíritu y en parte carne, en lugar de la función. La referencia final en Génesis es 6:7, donde Dios anuncia: "Borraré de la faz de la tierra al hombre que he creado", una clara referencia a la muerte física causada por un diluvio muy material.[10]

---

8. *Ibid.*, 43.
9. *Ibid.*, 139.
10. Ver también "bara," en Brown, F., S. R. Driver y C. A. Briggs, *A Hebrew and English Lexicon of the Old Testament* (Oxford: Clarendon, 1907).

La evidencia lingüística citada por Walton parece, por tanto, debilitar su argumento en lugar de apoyarlo. Walton colige entonces que su tesis está apoyada por el hecho de que en contextos donde se usa *bara* nunca se menciona material alguno. Señala que muchos eruditos —por cierto no sin motivos— han deducido de esto que se refiere a la creación *ex nihilo*. A continuación afirma que semejante conclusión "supone que «crear» es una actividad material". Continúa: "Si, como sugiere el análisis de los objetos presentado antes, *bara* es una actividad funcional, sería ridículo[11] esperar que se estén empleando materiales en la actividad".[12]

La lógica parece aquí defectuosa. Primeramente, como acabamos de decir, el análisis de los objetos gramaticales no parece apoyar la tesis de Walton. Segundo, la ausencia de materiales en conexión con *bara* ha de tomarse sin duda en conjunto con la repetida, y por tanto enfática, presencia de la frase indicativa de lo que estaba involucrado en los actos de creación: "Y dijo Dios". En el Nuevo Testamento hallamos la declaración muy iluminadora: "Por la fe entendemos que el universo fue preparado por la palabra de Dios, de modo que lo que se ve no fue hecho de cosas visibles" (He. 11:3). Este texto aparece en un capítulo que está profundamente empapado del lenguaje de Génesis; de hecho, Hebreos 11 puede verse como una exposición clave de Génesis en el Nuevo Testamento, que comienza con la creación.

La idea que se está exponiendo en Génesis 1, como hemos indicado antes, es que el universo fue ciertamente hecho *ex nihilo* por la palabra de Dios, quien es invisible, de hecho inmaterial. Esto parece una poderosa prueba bíblica de que la conjunción contextual de *bara* con que Dios hablara en Génesis 1 indica que Génesis 1 tiene mucho que ver con los orígenes materiales, el origen de la materia misma.[13]

---

11. ¡Sin embargo, en muchos de los propios ejemplos de Walton de creaciones funcionales (p. ej., computadoras, colegios, compañías, obras de arte) hay materiales involucrados! El uso de la palabra "ridículo" aquí parece notablemente inapropiado ya que, como mínimo, cabría pensar que fuera difícil adjudicar propiedades funcionales a algo que no tuviera existencia material.

12. Walton, *Lost World of Genesis One*, 43.

13. Parece perfectamente conforme con el propio método interpretativo de Walton: "Los significados de las palabras son establecidos y determinados por las formas en las que se usan" (p. 40). Así, aunque *bara* no siempre se usa para significar "creación *ex nihilo*", Génesis 1:1 forma seguramente parte de la prueba de que se puede entender de este modo.

Además, el importante relato de la creación en el Nuevo Testamento, al principio del Evangelio de Juan, contiene un importante aspecto material. Juan dice del Verbo de Dios: "Todas las cosas fueron hechas por medio de Él, y sin Él nada de lo que ha sido hecho, fue hecho" (Jn. 1:3). Antes señalamos que la palabra griega traducida aquí "hechas" significa "llegaron a existir". Por tanto, se refiere a la existencia material. Juan contrasta a Dios el Verbo, quien es eterno y nunca llegó a existir, con el universo material ("todas las cosas") que no es eterno: llegó a existir. De modo que las conclusiones de Walton no son válidas para la doctrina bíblica de la creación en su conjunto.

LA METÁFORA DEL TEMPLO CÓSMICO

Aunque mi problema es principalmente la interpretación "funcional" de Génesis 1 de Walton, leer el aspecto del "templo cósmico" de su obra también hace surgir cierto número de temas en mi mente.

Se ha llamado la atención hacia una correspondencia entre el resumen de comentarios sobre la secuencia de la creación en Génesis 1:31–2:3 y las observaciones finales tras la terminación del tabernáculo en Éxodo 39. Robert Gordon escribe que esto puede explicarse satisfactoriamente por la descripción de Dios como artesano en Génesis 1-2. Él prosigue: "Una explicación de esta correspondencia es que la creación se ve como un santuario en Génesis 1–2: Dios está haciendo un cosmos apropiado para su presencia, del mismo modo en que las tiendas y el templo del período histórico fueron construidos como sus moradas en la tierra". Él advierte: "Tal lectura de la creación puede funcionar mejor en los capítulos 2–3, donde hay elementos evocadores de las tradiciones del santuario del Antiguo Testamento... pero menos obviamente en el capítulo 1. Más probablemente, la correspondencia entre la creación y el tabernáculo surge porque la creación está siendo tratada como un edificio".[14]

Sin embargo, Walton escribe: "Sin vacilación, el lector antiguo concluiría que este es un texto del templo, y que el día séptimo es el más importante de los siete. En un relato material «siete» tendría un

---

14. Robert Gordon, "The Week That Made the World: Reflections on the First Pages of the Bible," en McConville, J. G. y Karl Moeller, eds., *Reading the Law: Studies in Honour of Gordon J. Wenham* (Londres: T&T Clark, 2007).

escaso papel, pero en un relato funcional... es el verdadero clímax sin el cual nada más tendría sentido o significado algunos".[15]

La afirmación de que un lector antiguo "concluiría sin vacilación" que este era un relato funcional de la creación, escrito como un texto del templo, es una declaración demasiado radical en vista de lo siguiente. No se citan fuentes para demostrar que esto es lo que los antiguos lectores hubieran pensado instintivamente. Además, ¿de qué antiguos lectores estamos hablando? La palabra *templo* no aparece en ninguna parte del texto, y esto no es de sorprender a la luz de la datación del texto dada en el apéndice A.[16] El texto que Walton cita como su más clara prueba de que el cosmos había de imaginarse como un templo data de mucho después en la historia de Israel. Es Isaías 66: 1-2:

> Así dice el Señor:
> El cielo es mi trono y la tierra el estrado de mis pies.
> ¿Dónde, pues, está la casa que podríais edificarme?
> ¿Dónde está el lugar de mi reposo?
> Todo esto lo hizo mi mano,
> y así todas estas cosas llegaron a ser —declara el Señor.

Walton también cita la oración de Salomón en la dedicación del templo: "Pero, ¿morará verdaderamente Dios sobre la tierra? He aquí, los cielos y los cielos de los cielos *no* te pueden contener, cuánto menos esta casa que yo he edificado" (1 R. 8:27; énfasis añadido).[17]

Aun concediendo que la idea del cosmos como templo hubiera existido en el antiguo Cercano Oriente, lejos de ver los cielos como un templo en el que mora Dios, la percepción de Salomón parece haberlo orientado en la dirección exactamente opuesta: que los cielos no pueden contener al Todopoderoso. ¿Espera realmente Isaías que tracemos una analogía del templo con el cosmos o, como Salomón, está señalando que el cosmos es demasiado pequeño para contener a Dios?

Cualquiera que sea la respuesta a esta pregunta, lo que me impacta de toda la explicación es que la exclusión de la dimensión material de Walton parece ahora aún más arbitraria, ya que los textos

---

15. Walton, *Lost World of Genesis One*, 72.
16. Curiosamente, Walton no habla de la datación del texto.
17. Walton, *Lost World of Genesis One*, 84.

paralelos que él cita dan gran prominencia a la construcción *material* del tabernáculo y del templo, y a los artículos de mobiliario asociados con ellos, y no solo a su función. Esto, como señala C. John Collins, debilita la tesis de Walton acerca de que Génesis 1 no se ocupa de los materiales.[18]

Además, el texto clave citado más arriba por Walton (Is. 66:1-2) se refiere explícitamente al hecho de la creación del cielo y de la tierra por la "mano" de Dios, no con el resultado de que se les atribuyera una función, sino de que llegaran a existir.[19]

Finalmente, tal vez valga la pena señalar que el clímax de Génesis 1 no parecería ser que Dios estableciera su residencia en un templo cósmico, sino que los seres humanos, creados a imagen de Dios, vinieran a residir como vicerregentes de Dios en la tierra.

LA SIGNIFICACIÓN DEL SÉPTIMO DÍA

Sin embargo, Walton declara: "La verdad más central del relato de la creación es que este mundo es un lugar para la presencia de Dios... El establecimiento del templo cósmico funcional lo efectúa Dios, quien tomando su residencia en el día siete." No obstante, no hay en el texto el menor indicio de que Dios hiciera tal cosa, y mucho menos de que esta fuese "la verdad más central". Walton también sugiere (siguiendo a Moshe Weinfield) que Génesis 1 podría haber sido "una reseña de los orígenes funcionales del cosmos como templo, que se volvía a narrar cada año para celebrar la creación de Dios y su entronización en el templo", aunque admite la ausencia de cualquier prueba definitiva de tal festival.[20]

Una característica intrigante de la obra de Walton es que, en definitiva, no parece decirnos qué representan realmente los días de Génesis 1.[21] Afirma que son días de 24 horas de una semana,[22] pero a qué semana se refiere y exactamente qué ocurrió en ella no queda claro en absoluto a partir de su descripción. Sugiere, a la luz de la

---

18. Ver la revisión de Collins en ReformedAcademic.blogspot.com, 26 November 2009.
19. De la que Juan 1:3 se hace eco, como se indicó más arriba.
20. Walton, *Lost World of Genesis One*, 90-91.
21. *Ibid.*, 170.
22. *Ibid.*, 91.

ubicuidad del número siete en conexión con los relatos del templo, que los días "pueden ser entendidos en relación con algún aspecto de la inauguración del templo", y argumenta que "el templo se crea en la ceremonia inaugural. Así también el templo cósmico se haría funcional (creado) en una ceremonia inaugural".[23] Pero ¿qué significa esto? También, ¿qué significa en realidad que Dios estableciera su residencia en este templo?

Curiosamente, en el Antiguo Testamento tenemos ejemplos detallados respecto a que Dios estableciera su residencia en el tabernáculo y en el templo de Salomón. ¿No es extraño, pues, que la Escritura mencione estas cosas con todo detalle, y aun así no tenga nada explícito que decir acerca de una ceremonia mayor que, si Walton está en lo cierto, tiene una significación cósmica fundacional y fue celebrada regularmente como tal?

Sin embargo, en contra de las conjeturas de Walton, existen pruebas claras en la Escritura de una celebración semanal del día siete, que era parte de la ley de Dios tal como le fue dada a Israel: el reposo del Sabbat. Y se nos dice que es la cesación del trabajo lo que se enfatiza en la celebración del Sabbat que se ordena en la ley (Éx. 20:8-11). Por consiguiente, el Sabbat tenía un énfasis muy material para Israel, de modo que resulta muy difícil imaginar que ellos no creyeran que la obra de Dios en Génesis 1 careciera de tal énfasis, como sugiere Walton.

Además, el hecho de que el reposo del Sabbat de Dios marcó el fin del período de creación y organización del universo establece una idea teológica importante que tiene profundas implicaciones científicas. Es decir, que la creación del universo por parte de Dios *no* es lo mismo que su sostenimiento del universo, de modo que el pasado no se puede explicar exhaustivamente en términos de los procesos físicos que suceden en el presente.[24]

LA PERSPECTIVA CIENTÍFICA

Sin duda es razonable afirmar que la mayoría de las personas a lo largo de los siglos han entendido Génesis 1:1 como referido a la

---

23. *Ibid.*, 88.
24. Ver el apéndice E con referencia al Sabbat.

creación del universo físico y, por tanto, como declaración cosmológica comprensible para todas las edades y culturas. Sin embargo, Walton sugiere que esta reacción al texto es la prueba de que estamos fallando al no verlo con los ojos de aquellos a quienes fue originalmente destinado. Él argumenta que Génesis 1 es una cosmología antigua, en el sentido de que "no intenta referirse a la cosmología en términos modernos ni responder preguntas modernas. Los israelitas no recibieron revelación alguna para actualizar ni modificar su comprensión «científica» del cosmos".[25] Walton sostiene que uno de los problemas principales de la exposición actual es cometer lo que él denomina el error «concordista» de buscar darle explicaciones científicas contemporáneas al texto y, por lo tanto, forzarlo a decir cosas que nunca quiso afirmar.

Walton está sin duda en lo cierto al advertirnos del peligro de ignorar el contexto, y forzar el texto a decir más de lo que quiso el autor. No obstante, me pregunto si no existe un peligro igual y opuesto si se obliga al texto a decir menos de lo que el autor quiso decir. Si bien coincido en que Génesis 1 no "intenta referirse a la cosmología moderna en términos modernos", no estoy tan convencido de que deje de responder por completo a preguntas que tienen un contenido cosmológico. Por ejemplo, la pregunta de si el universo tiene o no un principio habrá existido durante milenios, pero continúa siendo una pregunta muy moderna, con un importante adelanto (desde la perspectiva científica) que se produjo tan recientemente como en la década de 1960, aunque la Biblia siempre ha afirmado, con un lenguaje inequívoco, que hubo un principio.[26]

Segundo, ¿es realmente verdad que los israelitas "no recibieron revelación alguna para actualizar o modificar su comprensión «científica» del cosmos"?[27] Reconocemos que no estamos hablando aquí de «ciencia» en el sentido de la cosmología moderna ni de la física matemática, sino en términos de una verdadera comprensión de aspectos del universo físico. A este nivel, ¿es razonable preguntar qué "comprensión científica del cosmos" tenían los hebreos, y dónde la obtuvieron? Como Walton se refiere explícitamente a los israelitas, es presumible que su comprensión principal del cosmos procediera

---

25. Walton, *Lost World of Genesis One*, 16.
26. Ver el apéndice C.
27. Sobre este punto, ver también el apéndice C.

de Génesis 1, que no fue tan solo una "actualización" de las cosmologías prevalentes en el Cercano Oriente: era singularmente distinta de esas cosmologías, como el mismo Walton admite. En contraste con la opinión de que el universo se hizo a partir de dioses preexistentes, Génesis enseña que el universo fue creado por un Dios que lo generó a partir de la nada por medio de su palabra.[28]

Lo que es todavía más revelador para mí como matemático es que Génesis 1 separa la creación y la organización del universo por parte de Dios en seis días, cada uno de los cuales comienza con la frase "Y dijo Dios...". Ahora bien, es indudable que este es un lenguaje que antecede al lenguaje científico moderno, por definición. Sería, no obstante, bastante poco sabio despreciarlo como si no tuviera nada significativo que decir. Y es que el énfasis mismo sobre el hecho de que Dios hablara, que hallamos en Génesis, también ha de hallarse en el comienzo del Evangelio de Juan: "En el principio existía el Verbo... todas las cosas fueron hechas por medio de él" (Jn. 1:1, 3). Juan nos informa de que el universo físico deba su existencia a Dios, quien es el Logos. La palabra *logos* expresa ideas de "palabra", "orden" e "información".

Esta revelación, de que Dios por su Verbo imparte energía e información para crear y estructurar el universo, es profundamente nueva. Sin embargo, como yo argumento en detalle en otra parte,[29] ella converge con algunas de las más profundas percepciones de una ciencia moderna que ha llegado a entender la naturaleza fundamental de la información y su irreductibilidad a materia y energía.

Estoy, pues, cuanto menos desconcertado cuando leo la declaración de John Walton de que "a lo largo de toda la Biblia no hay ni un caso en el cual Dios revelara a Israel una ciencia que trascendiera de su propia cultura. Ningún pasaje ofrece una perspectiva científica que no fuese común a la ciencia de la antigüedad del Viejo Mundo". En todo caso, la primera oración aquí parece confusa. ¿No fue la cultura misma de Israel moldeada por la revelación de Dios, incluido Génesis? La naturaleza absoluta de la segunda oración ("ningún pasaje") parece contradecir la opinión misma de Walton (antes

---

28. Existe un paralelo interesante de esto en la cosmología egipcia menfita, donde el dios Ptah crea mediante la palabra.

29. John C. Lennox, *God's Undertaker: Has Science Buried God?* (Oxford: Lion Hudson, 2009), capítulo 11.

señalada) de que, aunque hay correspondencias entre la cosmología de Génesis y la de las naciones circundantes, también existen considerables diferencias.[30]

Walton también piensa que "no ganamos nada trayendo la revelación de Dios a una coincidencia con la ciencia de hoy". Yo discrepo. No estoy, desde luego, asegurando que la Biblia pueda documentar cada rama de la ciencia, pero sí que hay ciertos puntos fundamentales de convergencia de una relevancia tan inmensa para nuestra comprensión del universo y de nosotros mismos, que vale la pena destacar. Tales convergencias entre la Biblia y la ciencia contemporánea aumentan la credibilidad de la Biblia en un mundo escéptico, como la Escritura misma justificaría que pensáramos (Ro 1:19-20).

EL ENIGMA DE GÉNESIS

Ciertamente es interesante ver que la correspondencia entre la secuencia transmitida en Génesis y aquella que proporciona la ciencia ha sido destacada incluso por personas que atribuyen muy poco valor a la exactitud factual del registro bíblico en pasajes de esta clase. Como ejemplo de una era previa, el filósofo e historiador inglés Edwyn Bevan (1870–1943), en un ensayo titulado *El valor religioso de los mitos en el Antiguo Testamento*, escribe:

> Las etapas por las cuales la tierra llega a ser lo que es no pueden, de hecho, ser precisamente ajustadas en el relato que la ciencia moderna presenta del proceso, pero en principio parecen anticipar el relato científico moderno por un notable destello de inspiración, que un cristiano puede también llamar inspiración. Suponiendo que pudiéramos ser transportados hacia atrás en el tiempo, a diferentes momentos del pasado de nuestro planeta, lo veríamos al principio en una condición en la cual no habría tierra distinguible del agua, y solo con una luz tenue proveniente del sol invisible tras los espesos volúmenes de la nube circundante; en un momento posterior, mientras se secaba el globo, habría aparecido la tierra; de nuevo, un momento después, habrían comenzado formas inferiores de vida animal y vegetal; más tarde o más temprano en el proceso, las masas de nubes se habrían tornado tan tenues y discontinuas que una criatura de pie en la tierra podría ver por encima de ella el sol, la luna y

---

30. Walton, *Lost World of Genesis One*, 12-13.

las estrellas; en otro momento posterior más deberíamos ver sobre la tierra grandes monstruos primitivos; y finalmente veríamos la tierra con su fauna y su flora presentes, y el producto final de la evolución animal, el Hombre.[31]

Mucho más recientemente, Andrew Parker, Director de Investigación del Museo de Historia Natural de Londres, llama la atención sobre el mismo fenómeno, de un modo que es directamente relevante para la opinión de Walton. Parker, un biólogo evolucionista que no profesa creer en Dios, se sintió estimulado a examinar Génesis después de que cierto número de personas le hubieran escrito sugiriendo que su investigación sobre el origen del ojo parecía hacerse eco de la declaración "Que haya luz". Él se sorprendió mucho de lo que encontró: "Sin esperar hallar nada, descubrí toda una serie de paralelos entre la historia de la creación de la primera página de la Biblia y el moderno relato científico de la historia de la vida. Esto, al menos, me hizo pensar. La congruencia era casi exacta...". Luego añade: "Cuanto más detalle se examina, creo que los paralelos se tornan más convincentes y notables. Una pregunta que estaré haciendo en este libro es: ¿Podría ser que el relato de la creación en la página uno de Génesis se escribiera tal como está porque es así como sucedió realmente la secuencia de acontecimientos?".[32] He aquí la conclusión de Parker:

> Aquí, entonces, está el enigma de Génesis: La página inaugural de Génesis es científicamente exacta, pero se escribió mucho antes de que la ciencia fuera conocida. ¿Cómo llegó el escritor de esta página a escribir este relato de la creación?... Debo admitir, con bastante nerviosismo y como científico reacio a albergar tal idea, que la prueba de que el escritor de la página inaugural de la Biblia fue divinamente inspirado es fuerte. Nunca antes he encontrado tan poderosa evidencia imparcial de que la Biblia es el producto de la inspiración divina.[33]

No es sorprendente que las ideas de Parker sean ardientemente disputadas, en particular por ateos; pero su libro da apoyo científico al

---

31. Citado en Derek Kidner, *Genesis* (Leicester, UK: Tyndale Press, 1967), 56.
32. Andrew Parker, *The Genesis Enigma* (Londres: Doubleday, 2009), xii-xiii.
33. *Ibid.*, 238.

orden de acontecimientos como se registran en Génesis, por parte de quien que no tiene un obvio interés creado.

¿UN PARALELO ENTRE LA COSMOLOGÍA Y LA FISIOLOGÍA?

Finalmente, deseo comentar más sobre la forma en que Walton apoya su opinión, citada más arriba, de que "los israelitas no recibieron ninguna revelación para actualizar o modificar su comprensión «científica» del cosmos". Él traza un paralelo entre la cosmología y la fisiología, como sigue:

> Si la geografía cósmica es culturalmente descriptiva, más que una verdad revelada, toma su lugar entre muchos otros ejemplos bíblicos de nociones culturalmente relativas. Por ejemplo, en el mundo antiguo las personas creían que el sitio de la inteligencia, la emoción y la personalidad estaba en los órganos internos, particularmente en el corazón, pero también en el hígado, los riñones y los intestinos. Muchas traducciones de la Biblia usan la palabra inglesa «mente» cuando el texto hebreo se refiere a las entrañas, y muestra las formas en las que el lenguaje y la cultura están interrelacionadas. En el lenguaje moderno todavía nos referimos al corazón metafóricamente como el sitio de la emoción. En el mundo antiguo esta no era una metáfora, sino fisiología. Sin embargo, debemos notar que cuando Dios quería hablar a los israelitas acerca de sus intelectos, emociones y voluntad, él no corrigió sus ideas de fisiología ni se sintió obligado a revelar la función del cerebro. En su lugar, adoptó el lenguaje de la cultura para comunicarse en términos que ellos entendieran.[34]

Uno puede concordar con Walton en que el lenguaje y la cultura están relacionados, pero el asunto es la naturaleza de tal relación. Ya he dado razones por las cuales pienso que Génesis 1 es una revelación de Dios concerniente a aspectos de la cosmología, y que no es "culturalmente descriptivo", aunque está escrito en un lenguaje que los lectores pueden entender y no (por muy obvias razones) en un lenguaje técnico científico.

Walton afirma que las referencias bíblicas a órganos internos refuerzan su argumento de "relatividad cultural". Menciona varios

---

34. Walton, *Lost World of Genesis One*, 18.

órganos internos asociados con el intelecto, las emociones y la voluntad pero, curiosamente, omite mencionar la cabeza en relación con los sueños y los pensamientos (Daniel 7: 1, 15).[35] Reconoce el uso metafórico contemporáneo de "corazón" pero afirma, sin dar evidencia alguna, que en la Biblia no es metáfora sino fisiología. Esto parece muy simplista. Por ejemplo, Génesis 6:6 declara: "Y le pesó al Señor haber hecho al hombre en la tierra, y sintió tristeza en su corazón". Me resulta difícil de creer que los hebreos pensaran que esta fuera una afirmación fisiológica acerca de Dios. O, también, Jeremías 23:9 declara "quebrantado está mi corazón dentro de mí". Interpretado como una afirmación fisiológica, esto habría tenido que significar que la bomba física cardíaca había cesado de funcionar.

En el mundo antiguo, estaban seguramente tan familiarizados con el uso de la metáfora como lo estamos nosotros. Más aún, entonces como ahora, ese uso era bastante complejo. Walton menciona el uso de entrañas para describir la emoción tanto en el Antiguo Testamento como en el Nuevo. Si nos preguntamos por qué se usa este término, sin duda la respuesta no es difícil de hallar: al ser humanos, los antiguos notaban como nosotros que ciertos estados emocionales originaban un sentimiento físico interno; de hecho, a veces aún hoy lo llamamos "una corazonada". Es un sentimiento real y, por una conexión muy natural, el cuerpo físico viene a erigirse como metáfora de un estado emocional. Deberíamos observar que los términos "sentimiento entrañable" o "cordial simpatía" no implican que quien habla piense que los intestinos sean el centro de nuestros procesos de pensamiento.

Walton continúa: "La idea de que las personas piensan con sus corazones describe la fisiología en términos antiguos para la comunicación de otros asuntos; no es una revelación respecto a la fisiología. Por consiguiente, no necesitamos intentar producir una fisiología para nuestro tiempo que pudiera explicar cómo la gente piensa con sus entrañas".[36]

Es un poco difícil descifrar esto, ya que usar un término físico ("corazón") para comunicar otros asuntos me parece esencialmente lo que se entiende por metáfora – usar algo para representar otra cosa. Empero, a menos que haya entendido mal esto, esta interpretación

---

35. Compare "cabeza" en Reina-Valera 1960 con "mente" en La Biblia de las Américas.
36. Walton, *Lost World of Genesis One*, 19.

contradice lo que Walton ha dicho arriba, que el uso bíblico no es metafórico.

Además, decir que "no es una revelación respecto a la fisiología" es, desde luego, verdad en el sentido de que cualquiera puede entenderlo, porque conoce la reacción fisiológica en la región del corazón, asociada con el pensamiento emocional, y es bien consciente de que el escritor está hablando de esto y no de la bomba de sangre de su cuerpo.

No obstante, justamente aquí es donde se colapsa la analogía de Walton, ya que Génesis 1, en ciertos puntos, está hablando directamente de la cosmología. "En el principio creó Dios los cielos y la tierra" no está empleando una parte física del universo para comunicar algo más a nivel metafórico; está hablando del origen del universo físico mismo.

La afirmación final de Walton en la cita más arriba es: "Por consiguiente, no necesitamos intentar producir una fisiología para nuestro tiempo que pudiera explicar cómo la gente piensa con sus entrañas". No estoy seguro de lo que esto significa, ya que indudablemente es nuestra creciente comprensión de la fisiología la que nos proporciona un mayor entendimiento de las relaciones psicosomáticas entre los pensamientos, las emociones y el intestino, de modo que entendemos que hay una base científica para lo que llamamos "sentimiento entrañable".

Walton también comenta varios aspectos de los argumentos de diseño. Encuentro inadecuada su explicación sobre la naturaleza de la evidencia de una causalidad inteligente en el universo físico. En particular, creo que su opinión de que "el diseño en la naturaleza solamente puede establecerse más allá de toda duda razonable si todas las explicaciones naturalistas han sido descartadas"[37] es falsa, a la luz de los hechos conocidos acerca de la naturaleza de la información. Pero no trataré este tema aquí, ya que he escrito sobre esto en otra parte.[38]

Finalmente, estoy convencido de que el relato bíblico *tanto* de la existencia material *como* de la función del universo y de la vida humana en él debe articularse de forma inteligente en la plaza pública más que nunca , a la luz del clamor contemporáneo de los (ahora

37. *Ibid.*, 128.
38. Lennox, *God's Undertaker*, 135--192.

no tan) Nuevos Ateos en cuanto a que su comprensión naturalista del universo es la única respetable. Encuentro poco convincente la insistencia de Walton acerca de que Génesis 1 no tiene nada que ver con el origen material del universo por una razón adicional. Deja a la Biblia sin un relato de dicho origen en el lugar mismo donde cabría esperar que apareciese, y donde generaciones tanto de personas comunes como de eruditos han pensado que está.

APÉNDICE C
El principio según el Génesis y la ciencia

Aunque en su mayor parte la Biblia se ocupa de temas que podrían considerarse más importantes que la ciencia —el porqué de la existencia, por ejemplo, como distinto al cómo de las leyes y de los mecanismos que gobiernan el universo—, de todos modos hay una importante superposición. Quizá el ejemplo más importante de dicha superposición es el hecho de que tanto la Biblia como la ciencia sostienen que el universo tuvo un comienzo. Lo llamativo es que la Biblia lo mantuvo durante miles de años, mientras que los científicos solo han llegado a considerar siquiera, recientemente, la posibilidad de que pueda haber habido un comienzo. La opinión de Aristóteles, de que el universo era eterno, dominó el pensamiento científico durante centenares de años sin ningún desafío apreciable.

Richard Dawkins no se impresionó cuando le mencioné, en uno de nuestros debates, que la Biblia tenía razón acerca de que el universo tuvo un principio. Dijo que, hubiera un comienzo o no, la Biblia tenía una probabilidad de acierto del 50 % , nada importante. Pero sí era importante. Porque cuando las pruebas científicas comenzaron a indicar que el universo no había existido eternamente, algunos destacados científicos opusieron fiera resistencia ¡porque pensaban que eso les daría demasiado apoyo a quienes creían en la creación![1] No fue una cuestión de conjetura. Quienes se resistieron al avance científico porque temían que apoyara la cosmovisión bíblica, no se salieron con la suya, ya que las pruebas científicas que respaldaban un principio demostraron ser demasiado fuertes.

"En el principio creó Dios los cielos y la tierra". Estas magníficas palabras iniciales de la Biblia han sido muy estudiadas. El artículo definido añadido a "principio" en la traducción está ausente en

---

1. Uno de esos científicos destacados fue John Maddox, el entonces editor de la revista científica *Nature*.

el hebreo. Algunos entienden que esta circunstancia tiene el efecto de envolver el comienzo en un misterio. Leon Kass, por ejemplo, escribe: "Acerca de esto, la cosmología moderna no puede sino concordar: «¿Qué había antes del *Big Bang*?». Solo Dios lo sabe. A pesar de nuestro refinamiento, la naturaleza absolutamente misteriosa del comienzo *supremo* no puede ser erradicada".[2] Por otra parte, no obstante, C. John Collins señala que "falta el artículo [para la palabra «principio»], porque la palabra es definida en sí misma".

Relajémonos por un momento, y escuchemos a Bill Bryson en su inimitable estilo, que proporciona un relato científico simple del principio:

> Y así, de la nada, comenzó nuestro universo.
>
> En un solo pulso cegador, un momento de gloria demasiado veloz y expansivo para cualquier forma de palabras, la singularidad adquiere dimensiones celestiales, un espacio inconcebible. El vivaz primer segundo (un segundo al que muchos cosmólogos dedicarán sus vidas a laminar en lonchas cada vez más finas) produce la gravedad y las otras fuerzas que gobiernan la física. En menos de un minuto, el universo tiene un ancho de mil millares de millones de kilómetros y crece rápido. Ahora hay mucho calor, diez mil millones de grados, suficiente para iniciar las reacciones nucleares que crean los elementos más livianos, principalmente hidrógeno y helio, con una pizca de litio (cerca de un átomo por cada cien millones). En tres minutos se ha producido el 98 % de toda la materia que hay o habrá jamás. Tenemos un universo. Es un lugar de la más maravillosa y gratificante posibilidad, y también hermoso. Y todo fue hecho aproximadamente en el tiempo que lleva preparar un sandwich.[3]

Llevamos la historia más lejos, esta vez guiados por el físico Sir John Houghton:[4]

> El universo tarda un millón de años en enfriarse lo suficiente para que los electrones se unan a los núcleos para formar átomos...

2. Leon Kass, *The Beginning of Wisdom* (Chicago: University of Chicago Press, 2006), nota al pie en la página 28.
3. Bill Bryson, *A Short History of Nearly Everything* (Londres: Black Swan, 2004), 28.
4. Antes profesor de física en Oxford, luego director de la Oficina Meteorológica del Reino Unido y posteriormente presidente del Panel Intergubernamental de Premios Nobel sobre el Cambio Climático (IPCC).

Imagine una región de mayor densidad que el resto. La fuerza de gravedad atraerá más materia a esta región más densa... En un período de millones de años, estos grumos de alta densidad se tornarán estrellas y grupos de estrellas se convertirán en galaxias... Condiciones aún más extremas se generan cuando algunas estrellas, hacia el final de sus vidas, estallan en acontecimientos conocidos como supernovas... En estas gigantescas explosiones es donde se forman los elementos pesados como el platino, el oro, el uranio y otros muchos.

Este material explosionado contiene... la totalidad de los 92 elementos de la tabla periódica que existen naturalmente. A su vez se mezcla con gases hidrógeno y helio del medio interestelar para volver a pasar por el proceso de evolución estelar. Nacen las estrellas de segunda generación... Creemos que nuestro sol es una de esas estrellas de segunda generación. Alrededor de nuestro sol se han formado planetas, probablemente a medida que unas nubes de gas y polvo que rodeaban al joven sol se fusionaban gradualmente entre sí, y formaron un cierto número de objetos densos. El planeta Tierra nació hace cuatro mil quinientos millones de años, con su rica composición química y sus condiciones aptas para el desarrollo de la vida.[5]

Houghton deduce:

Para que existan los seres humanos, se puede argumentar que todo el universo es necesario. Es preciso que sea suficientemente antiguo (y por tanto suficientemente grande) para que una generación de estrellas haya evolucionado y muerto, para producir los elementos pesados, y que después haya bastante tiempo para que se forme una segunda generación de estrellas como nuestro sol con su sistema de planetas. Finalmente, tienen que existir las condiciones correctas en la Tierra para que la vida se desarrolle, sobreviva y florezca... Pero eso no es todo. Nuestra comprensión actual es que para que el universo se desarrollara en la forma correcta, se ha requerido una sintonía[6] increíblemente precisa en su estructura básica, y en las condiciones en el momento del *Big Bang*.[7]

5. John Houghton, *The Search for God: Can Science Help?* (Oxford: Lion, 1995), 27-28.

6. Para ejemplos de esta fina sintonía, ver más arriba, en John C. Lennox, *God's Undertaker: Has Science Buried God?* (Oxford: Lion Hudson, 2009), 31-46. (Este es el capítulo sobre "El alcance y los límites de la ciencia").

7. Houghton, *Search for God*, 33-34.

Ahora bien, la idea de un *"Big Bang"* es un punto de preocupación para algunas personas que han sido influenciadas por la insistencia simplista de Richard Dawkins en nuestra elección entre la ciencia y Dios. Sin embargo, estas son falsas alternativas, en el mismo nivel de necedad que insistir que elijamos entre Henry Ford y una línea de producción automotriz para explicar el origen de un Ford Galaxy.[8]

El hecho es que ambas explicaciones son necesarias: no se contradicen, sino que se complementan entre sí. Henry Ford es el agente que diseñó el automóvil; la línea de producción automotriz es el mecanismo por el cual se fabrica. Similarmente, no tenemos que elegir entre Dios y el *Big Bang*. Son diferentes clases de explicación: una en términos de la voluntad creadora de Dios y la otra en términos de mecanismos y leyes.

Además, el término *"Big Bang"* es esencialmente una etiqueta sobre un (fascinante) misterio. La usan los científicos para expresar su creencia de que el universo —más exactamente, el espacio-tiempo— tuvo un comienzo. Arno Penzias, quien ganó el Premio Nobel de Física por descubrir un eco de aquel principio en las microondas cósmicas de fondo, dijo: "Los mejores datos que tenemos son exactamente lo que yo hubiera predicho, si no hubiese tenido nada más en qué basarme que los cinco libros de Moisés, los Salmos y la Biblia en su conjunto".[9] Por tanto, el Modelo Estándar (*Big Bang*) desarrollado por físicos y cosmólogos se puede considerar como un desembalaje científico de las implicaciones de la afirmación "En el principio creó Dios los cielos y la tierra".[10] Hay aquí cierta ironía, en que el mismísimo modelo cosmológico de *Big Bang* del universo que confirma el aserto bíblico de que hubo un principio, también implica que el universo es muy antiguo.

Vale la pena recordar que la confirmación científica del acontecimiento inicial de la creación es la clase de cosas que el Apóstol Pablo nos llevaría a pensar (Ro. 1:19-20). Dios ha dejado sus

---

8. Para una explicación más detallada ver John C. Lennox, *God's Undertaker: Has Science Buried God?* (Oxford: Lion Hudson, 2009), 45.

9. Citado por Malcolm W. Browne, "Clues to Universe Origin Expected." *The New York Times*, 12 March 1978.

10. Con respecto a "cielos y tierra" ver la nota 2 del capítulo 5, bajo "Dios es el creador eterno".

huellas digitales en la creación; la teología natural es un ejercicio legítimo. Por esa razón he llamado la atención a la actual convergencia entre la ciencia y el registro bíblico respecto al principio del espacio-tiempo.

APÉNDICE D
¿Dos relatos de la Creación?

Un argumento que se presenta con frecuencia en contra de conceder una dimensión cronológica significativa en los capítulos iniciales de Génesis es que el relato de la creación de Génesis 2 contradice cualquier cronología basada en Génesis 1. Una idea controvertida es que el capítulo 1 describe la creación de las plantas antes que la de los humanos, mientras que Génesis 2 parece dar la impresión inversa. Aquí está el texto pertinente de Génesis 2 según *La Biblia de las Américas*:

> Y aún no había ningún arbusto del campo en la tierra, ni había aún brotado ninguna planta del campo, porque el Señor Dios no había enviado lluvia sobre la tierra, ni había hombre para labrar la tierra. Pero se levantaba de la tierra un vapor que regaba toda la superficie del suelo. Entonces el Señor Dios formó al hombre del polvo de la tierra, y sopló en su nariz el aliento de vida; y fue el hombre un ser viviente. Y plantó el Señor Dios un huerto hacia el oriente, en Edén; y puso allí al hombre que había formado. Y el Señor Dios hizo brotar de la tierra todo árbol agradable a la vista y bueno para comer; asimismo, en medio del huerto, el árbol de la vida y el árbol del conocimiento del bien y del mal (Gn. 2:5-9).

C. John Collins señala que es preferible la traducción de la *English Standard Version* del hebreo *érets* como "terreno" o "suelo" (*land*) en lugar de "tierra" (*earth*) en el primero de estos versículos, ya que la falta de plantas aquí no implica que no hubiesen sido creadas aún, sino de que no había lluvia. A la luz de esto, Collins deduce que el escenario aquí descrito sería uno muy familiar para los lectores. Ellos entenderían "un campo en el cual la lluvia cae durante el invierno pero nunca durante el verano. Este patrón climático vuelve el suelo muy seco y pardo hacia el final del verano, y la llegada de las lluvias causa el crecimiento de las plantas. La única forma de superar este patrón natural es que el hombre trabaje la tierra, por irrigación en este caso"[1]

---

1. C. John Collins, *Genesis 1–4: A Linguistic, Literary, and Theological Commentary* (Phillipsburg, NJ: P&R, 2006), 126. Nota del traductor: Otras versiones en inglés, como la

En otras palabras, Collins sugiere que el relato de Génesis 2 no tiene nada que ver con la creación original de la vida vegetal en el día 3, sino que más bien está diciendo que en un tiempo particular del ciclo anual, en un campo particular, antes que las plantas comenzaran a crecer, Dios creó a los seres humanos.[2] Ahora bien, esta lectura del texto claramente supone que el ciclo de la naturaleza lleva bastante tiempo establecido como para ser relevante, de modo que para armonizarlo con los acontecimientos del día 6, uno debe concluir, como Collins señala, que o bien los días de la creación de Génesis 1 no son (todos) ordinarios, o bien están separados en el tiempo. Él considera preferible la primera de estas opciones, y considera los días como días de trabajo de Dios, de modo que lo extensos que sean no afecta el acto de la comunicación. En el capítulo 3 de este libro presento algunos argumentos a favor de la segunda opción o de una variante de ella, aunque es evidente que la diferencia entre ambas es pequeña.

Otra sugerencia que se ha hecho es que el orden en el primer relato de la creación es principalmente cronológico, mientras que en el segundo es lógico. Por cierto, en la conversación y la escritura comunes a menudo mezclamos el orden lógico con el orden cronológico, sin que necesariamente nos demos cuenta. Jim compró un auto. Lo condujo a su hogar. Usted le pregunta dónde lo guarda. Bueno, él construyó un garaje para colocarlo allí. ¿Construyó el garaje cuando lo llevó a su hogar? No, en realidad el garaje ya estaba allí. Este hecho podría haber quedado más claro en español mediante el uso del pretérito pluscuamperfecto "él había construido" en lugar del pretérito perfecto simple, "él construyó".*

Christian Standard Bible y la *Common English Bible*, también emplean *land*. En cambio, con escasas excepciones parciales en las que se traduce *érets* como "suelo", las traducciones al español vierten generalmente aquí *érets* como "tierra". Desde luego, en español "suelo" y "terreno" están entre las acepciones de la palabra "tierra".

2. Una variante (mayor) de esta opinión es la de John Sailhamer, *Genesis Unbound* (Sisters, OR: Multnomah Books, 1996). Él sostiene que Génesis 1:1 describe el período de la creación del universo y Génesis 1:1–2:4a describe un período de una semana (en el sentido usual) durante el cual se preparó una tierra particular, la tierra prometida, y en ella fueron creados los seres humanos.

* Nota del traductor: El pretérito pluscuamperfecto (del latín "más que perfecto") permite referirse a una acción que se ha producido antes que otra, cuando ambas han acontecido en el pasado. Por ejemplo: "María (ya) *había planchado* la ropa cuando la guardó en el armario".

El hebreo no posee un tiempo pluscuamperfecto distinto, y esto resulta en que la secuencia cronológica precisa no siempre es tan inmediatamente clara en hebreo como lo sería en español. Por esta razón, algunos argumentan que el orden de los acontecimientos en Génesis 2: 5-9 discrepa con el de Génesis 1 solo si suponemos que ambos órdenes son del mismo tipo. No obstante, el asunto se resuelve si el primer relato es sobre todo cronológico, y describe el movimiento de la creación desde su comienzo hasta su objetivo, la creación de seres humanos, mientras que el segundo relato pone al hombre en el centro y da un relato predominantemente lógico del sentido de lo que significa ser humano, una circunstancia que no todas las traducciones dejan clara.[3] Sin embargo, debe decirse que el uso de la palabra "cuando" en Génesis 2: 5 bien podría apoyar la interpretación de Collins.

El hebreo posee, sin embargo, formas de expresar un sentido pluscuamperfecto, que ayudan a resolver otra aparente discrepancia cronológica entre Génesis 1 y Génesis 2. Algunas traducciones de Génesis 2: 19 sugieren que la creación de los animales tuvo lugar después que la del hombre. Por ejemplo: "Y el SEÑOR Dios formó de la tierra todo animal del campo y toda ave del cielo, y *los* trajo al hombre para ver cómo los llamaría…".[*] Collins argumenta que el verbo hebreo debiera ser traducido por el pluscuamperfecto "había formado" (ver el margen de la ESV), obviando así la discrepancia cronológica.[4]

---

3. La Nueva Versión Internacional usa el tiempo pluscuamperfecto español para expresar el sentido. Para comentarios más detallados sobre el uso del pluscuamperfecto, ver el ensayo de Alistair McKitterick, "The Language of Genesis," en Norman Nevin, ed., *Should Christians Embrace Evolution?* (Nottingham, UK: Inter-Varsity, 2009), y las referencias allí dadas. Sin embargo, debería notarse que Robert Gordon sostiene que introducir el pluscuamperfecto solamente proporciona un alivio parcial y superficial a la tensión percibida entre las narraciones de Génesis 1 y Génesis 2. (Ver "The Week That Made the World: Reflections on the First Pages of the Bible," en McConville, J. G., and Karl Moeller, eds., *Reading the Law: Studies in Honour of Gordon J. Wenham* [Londres: T&T Clark, 2007]).

* Nota del traductor: En este texto, tomado de *La Biblia de las Américas*, la secuencia cronológica es ambigua y puede por tanto interpretarse en un sentido o en otro. Pero algunas traducciones al español, como la *Nueva Versión Internacional* y la *Nueva Traducción Viviente*, complican el problema de la supuesta discrepancia al insertar arbitrariamente la palabra "entonces", que no se encuentra en el texto hebreo: "Entonces Dios el Señor formó…".

4. C. John Collins, "The Wayyiqtol as 'Pluperfect': When and Why?" *Tyndale Bulletin* 46, núm. 1 (1995): 117-140.

APÉNDICE E

La evolución teísta y el Dios de las brechas

Según Génesis 1 la secuencia de actos creadores llegó a su fin. En el séptimo día Dios descansó. La obra de la creación estuvo hecha. Esto parecería implicar que lo que ocurrió durante la secuencia de la creación ya no está aconteciendo, implicación que tiene consecuencias para una de las principales suposiciones de la ciencia; la uniformidad de la naturaleza, la idea de que el presente tiene la clave para el pasado, al menos a partir de una fracción de minuto del principio. Dicho de otro modo, Génesis parece estar diciendo que la naturaleza no ha sido absolutamente uniforme. Génesis no está negando el importante hecho de que la naturaleza es *mayormente* uniforme. Por cierto, una implicación adicional del Sabbat es que, después de su actividad creadora, Dios continúa sosteniendo el universo. El universo depende constantemente de su cuidado providencial,[1] lo que significa que podemos confiar en las regularidades de la naturaleza que Dios mismo incluyó en el comienzo. Un ejemplo famoso de esto se contiene en una afirmación de Jesús: "Porque Él hace salir su sol sobre malos y buenos, y llover sobre justos e injustos" (Mt. 5:45). El cristianismo no ha de equipararse, por tanto, con el deísmo, el cual sostiene que Dios encendió la mecha que inició el origen del universo, y luego se retiró de la escena y no tuvo más participación. Por otra parte, el concepto mismo del Sabbat implica que la providencia de Dios en mantener el universo en existencia no agota lo que la Biblia quiere decir con *creación*.

El Nuevo Testamento confirma estos dos aspectos de la relación entre Dios y el universo, como creador y sostenedor. Pablo adjudica ambas funciones a Cristo: "En Él fueron creadas todas las cosas" y "en Él todas las cosas permanecen" (Col. 1:16, 17). Similarmente, la carta a los Hebreos dice de Cristo: "por medio de quien también hizo el universo" y él "sostiene todas las cosas por la palabra de su poder" (He. 1:2, 3).

---

1. Ver, por ejemplo, Job 38-39 y el Salmo 104.

Según Génesis, la creación supuso, por tanto, no solo uno, sino una secuencia de varios actos discretos de creación,[2] después de la cual Dios descansó. Esto implica sin duda que estos actos supusieron procesos que no están ocurriendo en este momento. Desde luego, tales (sobrenaturales) actos creadores ("desde arriba") aparecerían ante la ciencia ("desde abajo") como discontinuidades o singularidades, una sugerencia que es extremadamente desagradable para los científicos en general y los biólogos en particular.

Por ejemplo, el físico Paul Davies, a quien nos referimos antes,[3] escribe (desde una perspectiva no teísta):

> Atribuir el origen de la vida a un milagro divino no solo es anatema para los científicos, sino que también es sospechoso teológicamente. El término "Dios de las brechas" fue acuñado para ridiculizar la noción de que se puede invocar a Dios como explicación toda vez que los científicos tienen brechas en su comprensión. El problema con invocar a Dios de esta manera es que, a medida que la ciencia avanza, las brechas se cierran, y Dios resulta progresivamente exprimido fuera de la historia de la naturaleza. Hace tiempo que los teólogos aceptaron que estarían por siempre librando batalla en la retaguardia si trataran de desafiar a la ciencia en su propio terreno. Usar la formación de vida para probar la existencia de Dios es una táctica que se arriesga a la demolición instantánea si alguien lograra crear vida en un tubo de ensayo.[4] Y la idea de que Dios actúa a tropezones, y elimina los átomos ocasionalmente, en competición con las fuerzas naturales, es desde luego una imagen poco inspiradora del Gran Arquitecto.[5]

Muchos científicos que creen en Dios piensan, de manera similar, que la idea de que Dios interfiere o, de forma menos peyorativa, interviene por intervalos es una clase de semideísmo y es indigna

2. Esto no ha de considerarse una forma de semideísmo. El semideísmo enseñaría que Dios realizó una serie de actos creadores, pero que no participó en el subsiguiente mantenimiento del universo.

3. Ver el capítulo 5, bajo "Dios es diferente de su creación" y "Dios tiene una meta en la creación".

4. Esta afirmación es patentemente falsa. Lo que demostraría la producción de vida en un tubo de ensayo por parte de un científico es que la actuación de la mente sobre la materia podría producir vida; esto es precisamente lo que los cristianos declaran que Dios hizo en realidad.

5. Paul Davies, "E.T. and God," *Atlantic Monthly*, September 2003. Ver http://www.theatlantic.com/past/docs/issues/2003/09/davies.htm.

de Dios. Ellos sostienen que la naturaleza posee "integridad funcional" en el sentido de que la vida es el resultado fructífero, según las leyes de la naturaleza dadas por Dios, del potencial incorporado en las capacidades de la materia en el principio, sin necesidad de intervenciones discretas adicionales. Sin lugar a dudas, afirman, una evolución teísta[6] de esta clase es más digna de Dios que millones de actos sobrenaturales para producir el vasto conjunto de especies, aunque no hay sugerencia alguna (en Génesis o de mi parte) que hubo millones de actos separados de creación. Después de todo, el número de apariciones de la frase "Y dijo Dios..." es muy pequeño.[7]

El eminente biólogo Francis Collins describe su comprensión de la evolución teísta como sigue:

> Encontré en esta elegante evidencia de la relación entre todos los seres vivientes un motivo de asombro y llegué a verlo como plan maestro del mismo Todopoderoso, quien hizo que el universo llegara a existir y estableció sus parámetros físicos de modo muy preciso y correcto para permitir la creación de estrellas, planetas, elementos pesados y la vida misma. Sin conocer su nombre en ese momento, me asenté confortablemente en una síntesis a la que se suele aludir como «evolución teísta», una posición que encuentro enormemente satisfactoria hasta hoy.[8]

Collins procede a darle cuerpo a su posición:

> Dios, quien no está limitado en el espacio ni en el tiempo, creó el universo y estableció las leyes naturales que lo gobiernan. Buscando poblar este universo, de otro modo estéril, Dios eligió el elegante mecanismo de la evolución para crear microbios, plantas y animales de toda clase. Lo más notable es que Dios eligió intencionalmente el mismo mecanismo para hacer surgir criaturas especiales que

---

6. La evolución teísta a veces se denomina "creacionismo evolucionista" (Alexander) o "biologos" (Francis Collins).

7. Deberíamos observar también que, en todo caso, sería apresurado igualar la palabra traducida "género" en Génesis 1 con nuestro término moderno "especie". El término "tipo" podría ser más apropiado como traducción. (Nota del traductor: Las versiones en español usan "género", "clase", "tipo" y "especie").

8. Francis Collins, *The Language of God* (Nueva York: Free Press, 2006), 199.

habrían de tener inteligencia, un conocimiento del bien y del mal, el libre albedrío y un deseo de valorarlo a él.[9]

Sin embargo, explica Collins, llegó un punto en la historia en el cual Dios confirió especialmente su imagen a una criatura que había emergido del proceso evolutivo. Este fue el comienzo de la raza humana "hecha a la imagen de Dios".[10]

Los puntos principales de esta versión de la evolución teísta parecerían ser como sigue:

1. Dios causa que el universo llegue a existir.
2. Dios establece las leyes de la física y las condiciones iniciales finamente sintonizadas.
3. Dios sostiene la existencia del universo.
4. El universo se desarrolla y posteriormente emerge la vida, sin ningún otro aporte sobrenatural, especial y discreto de Dios, hasta que él crea a los seres humanos.
5. En un momento particular, Dios confirió de manera especial su imagen a un homínido que ya había emergido del proceso evolutivo gradual.[11]

Existen otras versiones de la evolución teísta. Por ejemplo, una variante niega el punto 5, y asegura que el punto 4 incluye la aparición de los seres humanos.

El bioquímico Michael Behe acepta los puntos 1, 2 y 3, pero no el 4. Cree que la evolución ha acontecido en el sentido darwiniano, pero que ha sido "supervisada". Argumenta que el cuadro científico es que la selección natural y la mutación *aleatoria* hacen algo, pero que su alcance es relativamente limitado: hay un "borde" o límite a la capacidad de variación de la evolución, que solo puede

---

9. *Ibid.*, 200-201.

10. Esta también parece haber sido la opinión de C. S. Lewis, aunque se diría que su escepticismo acerca de lo adecuado del relato evolutivo ha crecido con los años. Ver "Is Theology Poetry?" en *They Asked for a Paper* (Londres: Geoffrey Bles, 1962), capítulo 9. Ver también Gary B. Ferngren y Ronald L. Numbers, "C. S. Lewis on Creation and Evolution: The Acworth Letters, 1944–1960," *PSCF* 48 (marzo 1996): 28-33; disponible en www.asa3.org/aSA/PSCF/1996/PSCF3– 96Ferngren.html.

11. Notamos que esto es muy semejante a una "intervención" especial de Dios.

ser trascendido si se introducen mutaciones que no son al azar. En otras palabras, Behe está sugiriendo que se necesita un aporte de inteligencia y que un diseñador[12] intervino en estas mutaciones. Así, en esta opinión, Dios movió los átomos en muchas ocasiones en el proceso evolutivo.

En relación con esto, me parece que la versión de la evolución teísta de C. S. Lewis y Francis Collins también exige mover los átomos, ya que es muy difícil imaginar, dados nuestros actuales conocimientos del cerebro y su funcionamiento, cómo pudo Dios haber impartido su imagen con una criatura preexistente, sin ajustes fundamentales en el sistema neural del cerebro, para crear el sustrato físico necesario para soportar esta nueva dimensión de consciencia de Dios.

El paleobiólogo de Cambridge, Simon Conway Morris, proporciona otra variante de la evolución teísta. Sugiere que la sorprendente habilidad de la evolución para encontrar su camino a través del espacio de todas las vías posibles hacia lo que él llama "la solución de la vida" es congruente con la creación: "Para algunos seguirá siendo la actividad sin sentido del Relojero Ciego, pero otros pueden preferir quitarse sus lentes oscuros. La elección es vuestra."[13]

Ahora bien, todo esto tiene el saludable efecto de forzarme a pensar muy intensamente. Ante todo, no soy un biólogo (aunque me esfuerzo por entender lo que ellos escriben) y, en segundo lugar y más importante, siento el mayor respeto y admiración por estas personas y por su posicionamiento contra el ateísmo. En particular, Francis Collins ha sido un gran apoyo para mí personalmente. Sin embargo, aun así deseo añadir mi pequeña contribución a la discusión.

Como científico, soy sensible al peligro de caer en una mentalidad del "Dios de las brechas" y de correr el riesgo de la pereza intelectual. Por esa razón me apresuro a decir que no encuentro la evidencia principal de la actividad de Dios en las actuales brechas del panorama científico. Veo pruebas de Dios en todas las partes de la ciencia que conocemos; en realidad, las veo en el hecho mismo de que podamos hacer ciencia. Concuerdo de todo corazón con Francis

12. Behe se esfuerza en no identificar al diseñador, para no confundir la ciencia con la teología.

13. Simon Conway Morris, *Life's Solution* (Cambridge: Cambridge University Press, 2005), 329 – 330.

Collins en que Dios creó las leyes naturales que gobiernan el universo. Dios es el Dios de todo el espectáculo. De hecho, para mí como matemático, la misma inteligibilidad matemática del universo, y la sutileza y el poder de la matemática desarrollada para describirlo, constituyen evidencias mayores de la existencia de un Creador.

Voy más allá. También concuerdo en que Dios es la causa de que el universo llegara a existir, que Dios sintonizó finamente sus parámetros físicos y estableció sus condiciones iniciales de contorno, de modo que se produjera la formación de los elementos y (al menos)[14] dos generaciones de estrellas que en definitiva dieron lugar a planetas dotados de los elementos pesados necesarios para la vida.

Donde empiezo a tener problemas con la evolución[15] teísta es en la siguiente etapa. Hasta aquí no hemos estado pensando en la biología, sino en la cosmología, la física y la química. Como resultado de un proceso inaugurado y supervisado por Dios, y abarcado por las leyes conocidas de la física que fueron diseñadas por Dios, hemos llegado a un mundo que posee las materias primas de la vida.

La evolución teísta pregunta ahora por qué deberíamos introducir un acto especial sobrenatural de creación en el punto del origen de la vida. ¿No sería más coherente —dice la evolución teísta— pensar que el origen y el desarrollo de la vida procedieron exactamente de la misma manera que los procesos previos al origen de la vida? Sería sin duda una lástima, habiendo llegado tan lejos, introducir ahora a un Dios (de las brechas) tan solo porque no hay aún explicación plausible alguna para el origen de la vida. Este último punto es bastante irónico, porque por medio de él los evolucionistas teístas se exponen exactamente a la misma acusación acerca del origen del universo y, en muchos casos, del origen de la vida humana. Desde luego, el asunto no es si Dios pudo haberlo hecho de una manera particular o no. Es evidente que, como principio básico, Dios, siendo Dios, puede hacerlo de cualquier forma que elija. Y hasta donde podemos ver, él ha elegido hacer parte de ello usando lo que a menudo

---

14. Requerida para la producción de los elementos pesados necesarios.

15. La palabra "evolución" en la expresión "evolución teísta" tiende a cubrir más que la evolución biológica. La fase prebiótica, no obstante, nada tiene que ver con la evolución en el sentido (neo) darwinista, el cual, desde luego, presupone por definición que la vida ya existe.

llamamos "procesos naturales", como la formación de galaxias, soles y planetas. La pregunta es: ¿Dios lo hizo *todo* de esa manera? ¿Hay alguna razón para pensar que hubo varios actos discretos de creación (p. ej., el origen de la vida, los humanos) dentro de la historia del universo que son fundamentalmente diferentes de los acontecimientos que suelen suceder en el mundo de Dios, gobernado por sus leyes?

Y, de todos modos, ¿por qué es importante? ¿No es este el caso de unos cristianos que se involucran en un irrelevante espectáculo secundario? Yo no lo creo así, sobre todo a la luz de la actual insistencia por parte de muchos ateos de que no hay nada especial acerca de los seres humanos, ya que han sido producidos precisamente por el mismo proceso ciego y no guiado que cualquier otra especie. La condición de los seres humanos no es poca cosa.

SINGULARIDADES, MILAGROS Y LO SOBRENATURAL

Tres consideraciones me importan en esta coyuntura. Primero, de todos es sabido que la mayoría de los físicos parecen ser capaces de vivir con la opinión de que el origen del espacio-tiempo es una singularidad. Ciertamente, los evolucionistas teístas parecen cómodos con la idea de que Dios fue el responsable de esa singularidad, como Creador: él fue la Causa Primera. El universo no llegó a existir a través de procesos naturales. La razón por la que existe algo en lugar de nada es que Dios así lo quiso.

Segundo, como señalamos antes, muchos evolucionistas teístas sostienen que el origen de la vida humana implicó alguna clase de discontinuidad sobrenatural.

Tercero, y más importante, forma parte de la fe cristiana histórica que haya habido otras singularidades en la historia más reciente: de forma preeminente, la encarnación y la resurrección de Jesucristo. Estos acontecimientos tienen una dimensión física, pero es evidente que no están dentro del alcance del poder explicativo de las leyes de la naturaleza. Por el contrario, estos acontecimientos fueron causados, como lo indica el Nuevo Testamento, por el aporte directo de poder divino desde afuera. Sin embargo, aquellos de nosotros que somos cristianos creemos que estos acontecimientos realmente ocurrieron, aunque muchos de nuestros colegas científicos ateos (equivocados) protesten que las leyes de la naturaleza prohíben tales sucesos.[16]

Siendo este el caso, hallo extraño que algunos cristianos parezcan encontrar a priori una dificultad en la declaración de que ha habido algunas singularidades adicionales en el pasado, como el origen de la vida y el origen de los seres humanos. Seguramente, si uno admite, digamos, al menos tres grandes singularidades —la creación, la encarnación y la resurrección—, no puede haber en principio objeción a creer en unas (relativamente pocas) singularidades más, en especial si hay pruebas tanto científicas como bíblicas para apoyarlas.

La pregunta surge de si hemos de pensar en las singularidades implicadas en la creación como milagros. Por ejemplo, el biólogo Denis Alexander escribe:

> En el pensamiento bíblico, el lenguaje de los milagros parece estar generalmente reservado para aquellas operaciones especiales e inusuales de Dios en su *orden creado* y en la vida de su pueblo. Esto no excluye la posibilidad de que Dios realizara milagros particulares durante su *obra de creación*; pero, si este fuera el caso, entonces la Escritura guarda silencio acerca de ese aspecto de su *obra creativa*. Cuando Jesús interviene para transformar el agua en vino, o calmar un mar embravecido, o levantar a Lázaro de entre los muertos, estos signos milagrosos se destacan como tales porque son muy diferentes de la forma normal de obrar de Dios en la *creación*.
>
> La ciencia se basa en regularidades observadas y en la inducción lógica hacia regularidades no observadas. El científico secular supone que todo funciona en una clase de forma regular y reproducible, porque esa es la conclusión a la que ha llegado siempre la ciencia hasta ahora. El científico cristiano concuerda, pero además cree en una base lógica para tal orden: el Dios *creador* que fielmente dota al universo con sus regularidades. Hay algo paradójico en la sugerencia de que los milagros puedan ser acontecimientos regulares o incluso predecibles en la *obra de creación general* de Dios. La idea fundamental acerca de los milagros es que son acontecimientos inesperados, irregulares, signos particulares de la gracia de Dios; de modo

16. Esta objeción común es esencialmente la de David Hume, y la trato en John C. Lennox, *God's Undertaker: Has Science Buried God?* (Oxford: Lion Hudson, 2009), capítulo 12.

que mi sugerencia es que los cristianos empleen el lenguaje de los milagros con la comprensión bíblica en mente. [17]

Notamos que Alexander usa la palabra "creación" tanto para describir el acto original de creación, en el cual Dios dotó al universo con sus regularidades, como para describir el producto de dicho acto, la creación que existe ahora, cuyas regularidades son estudiadas por los científicos. Estas regularidades se comprenden como parte de lo que Alexander llama "la obra general de creación de Dios", presumiblemente refiriéndose a que Dios continúa manteniendo en existencia al universo con sus regularidades: el "tiempo presente" de la creación, como él lo llama.[18] Estas son distinciones que acepto sin problema, si lo he entendido correctamente.

Para que seamos capaces de reconocer un "milagro" en el sentido del Nuevo Testamento de "maravilla" o "señal", como indicó C. S. Lewis, el universo debe exhibir regularidades que sean conocidas. De otro modo, como dice Alexander, los milagros de Jesús no sobresaldrían. Sin embargo, tales milagros, como Lewis continuó argumentando, no "quebrantan" las regularidades consagradas en las leyes de la naturaleza. Más bien, Dios (el Legislador) introduce un nuevo acontecimiento en el sistema por su divino poder. Es un acto excepcional en contraposición a uno normal de Dios.[19]

Ya que los milagros de la Biblia son reconocidos como tales, porque destacan sobre las regularidades conocidas del universo, el término "milagro" sería difícilmente apropiado, en sentido estricto, para la creación inicial del universo con tales regularidades. No obstante, esto no significa que la creación inicial no implicara un número de intervenciones directas de Dios para *establecer* el universo con sus regularidades. La palabra "sobrenatural" sería, por tanto, más apropiada. Alexander parece pasar por alto esta distinción. Después de todo, la declaración "En el principio existía el Verbo... todas las cosas fueron hechas por medio de él" (Jn. 1:1, 3) no usa el lenguaje del milagro, aunque una actividad sobrenatural del más alto orden estuvo claramente implicada.

17. Denis Alexander, *Creation or Evolution: Do We Have to Choose?* (Oxford: Monarch, 2008), 38.
18. *Ibid.*, 31.
19. Ver mi explicación detallada de esto en *God's Undertaker*, capítulo 12.

Resulta que, aunque no se use la palabra "milagro", la Biblia no guarda silencio respecto a que la actividad *sobrenatural* de Dios estuviera implicada en la creación. Por cierto, esta parece ser la idea fundamental de la secuencia de la creación: diferenciar, *dentro* del período desde el principio absoluto hasta el florecimiento de la civilización humana, entre los actos creadores especiales de Dios y su providencia (u obra general en la creación, por usar la frase de Alexander) en mantener el universo en existencia, en los intervalos entre aquellos actos y los subsiguientes.

Un fallo en la distinción entre lo milagroso y lo sobrenatural es lo que lleva a Alexander a formular la que parece una afirmación muy extraña: "Hay algo paradójico en sugerir que los milagros puedan ser acontecimientos regulares o incluso predecibles en la obra de creación general de Dios" Que yo sepa, a nadie se le ocurriría decir que los milagros son acontecimientos regulares o predecibles.[20] Lo que estoy sugiriendo es que tanto la acción sobrenatural directa de Dios como su providencia participaron durante el período de la creación.[21]

Finalmente, pienso que la afirmación de Alexander respecto a que la ciencia hasta ahora *siempre* halló que *todo* funciona de una manera regular y reproducible no se sostiene.[22]

En términos teológicos, la evolución teísta parece adoptar una opinión esencialmente agustiniana sobre la creación como causalidad final. Es decir, que "creación" expresa la idea de la dependencia del universo de Dios: Dios causa que el universo y sus leyes existan, y le otorga su potencial.[23] Tal dependencia es, desde luego, un aspecto fundamental de la creación, pero no pienso que sea lo único que implica el uso bíblico del término "creación". Y es que tanto en el Antiguo como en el Nuevo Testamento, la Biblia distingue por una parte entre los actos de creación iniciales de Dios y, por la otra,

---

20. Aunque no deberíamos olvidar que la resurrección de Cristo fue predicha.

21. Para un excelente tratamiento de la relación de Dios con su creación, ver C. John Collins, *The God of Miracles* (Wheaton: Crossway, 2000).

22. Ver Lennox, *God's Undertaker*, cap. 7. Desde luego, si la ciencia se *define* como el estudio de regularidades reproducibles, entonces la afirmación es tautológica. Pero la totalidad de la historia del universo no es reproducible, con el fin de queque la ciencia, así definida ¡no pudiera tener nada que decir al respecto!

23. Para una exposición contemporánea completa de la opinión augustiniana en relación con la ciencia moderna, ver las Conferencias Gifford 2009 por Alister McGrath, publicadas como *A Fine-Tuned Universe* (Louisville: Westminster John Knox Press, 2009).

en su subsiguiente sostenimiento del universo. Esta distinción es también manifiesta en Génesis 1, que registra una secuencia de actos creadores seguidos por el reposo de Dios. También pienso, en contraste con mis amigos evolucionistas teístas, que la ciencia apoya esta distinción.

¿SON MALAS TODAS LAS BRECHAS?

Esto nos lleva de vuelta al tema de las brechas. Parecería haber diferentes clases de brecha, como he argumentado en detalle en otra parte.[24] Algunas brechas son de ignorancia y, con el tiempo, se cierran por un creciente conocimiento científico: son las brechas malas que figuran en la expresión "Dios de las brechas". Pero hay otras brechas, que son *reveladas* por el avance de la ciencia (brechas buenas). Que la información en una página impresa no se encuentre dentro del poder explicativo de la física y la química no es una brecha de ignorancia; es una brecha que tiene que ver con la naturaleza de la escritura, y sabemos cómo rellenarla: con el aporte de inteligencia.

Como hemos visto —así que perdóneme si insisto en la idea— los físicos y los cosmólogos se han acostumbrado a la idea de que su modelo matemático del origen y la expansión del espacio-tiempo les lleve a concluir que hay una singularidad o brecha donde las leyes de la física se colapsan. La mayoría de los cristianos acepta, sin reparos, que la explicación última de esa singularidad y de las leyes de la física, es Dios. Esto significa que, aunque Dios puede actuar indirectamente, debe de haber algún punto o puntos en los cuales él actúa directamente. Causar que el universo existiera, en primer lugar, fue seguramente una de esas acciones directas de Dios.[25]

En relación con esto, una de las cosas que encuentro sorprendentes es que, después de afirmar que Dios creó los cielos y la tierra,[26] la narración de la creación, como yo la entiendo, pasa por alto vastos espacios de tiempo (y mucha actividad física y química) sin

---

24. Lennox, *God's Undertaker*, 188–192.
25. Esta es una de las razones por las que pienso que no soy, en principio, más partidario de un Dios de las brechas que C. S. Lewis o Francis Collins, cuando le asigna la brecha entre los animales y los seres humanos al otorgamiento especial de Dios de su propia imagen.
26. Podríamos simplemente notar que los cielos vienen antes que la Tierra; la cosmología dice lo mismo, por supuesto.

comentario alguno hasta que llegamos a una Tierra informe y vacía. En ese punto es donde Génesis 1:2 nos dice que "el Espíritu de Dios se movía sobre la superficie de las aguas". El astrofísico Hugh Ross sugiere que esta declaración nos da un marco de referencia y un punto de vista justo sobre la superficie de la Tierra en un lugar específico.[27] Esto, a propósito, bien puede proporcionar una respuesta a la pregunta: Si la mayor parte de Génesis 1 se ocupa de fenómenos globales —los cielos, la Tierra, la tierra firme, el firmamento, etc.— ¿por qué habla de día y de noche aunque el día y la noche acontecen simultáneamente en lados diferentes de la Tierra?[28]

Más que eso, la referencia al Espíritu moviéndose cerca de la Tierra podría entenderse como una indicación impresionante de que la acción especial de Dios está ahora por comenzar. Los eones de espera han terminado. El Creador está por darle forma al mundo, crear vida y llenar la Tierra con ella, en preparación para el supremo acto final de Dios: la creación del hombre y de la mujer a su imagen.

Esa impresión de acción especial queda fuertemente confirmada en el relato bíblico del origen de la vida. En el día tres se no dice que Dios habló más de una vez. Primero, Dios separa la tierra seca del mar. Entonces Dios habla de nuevo: "Y dijo Dios: Produzca la tierra vegetación..." (Gn. 1:11). En otras palabras, según Génesis, no se puede transformar la materia inorgánica en orgánica por procesos naturales no guiados.[29] La vida no emerge de lo inerte sin que Dios tenga que participar directamente y proferir su palabra.[30]

La pregunta es, ¿presenta la ciencia alguna evidencia de tales singularidades? Mi respuesta es que, del mismo modo que la ciencia y la Biblia se complementan entre sí sobre el origen del universo, también lo hacen sobre el origen de la vida.

Primero debemos eliminar un importante malentendido potencial. Contrariamente a la amplia impresión del público, la evolución (neo) darwinista no puede explicar el *origen* de la vida. Richard

---

27. Hugh Ross, *The Genesis Question* (Colorado Springs: Navpress, 2001), 21.

28. En conexión con la idea de la perspectiva, desde un punto de vista temporal más que espacial, se ha sugerido que del descubrimiento de Einstein debemos tomar el factor de que el tiempo es relativo, cuando intentamos entender la naturaleza de los días de Génesis 1. Ver Gerald Schroeder, *Genesis and the Big Bang* (Nueva York: Bantam, 1990).

29. Ver *God's Undertaker*, capítulos 9–11.

30. No se dan detalles sobre qué procesos se incluyen bajo la declaración "Produzca la tierra". Lo crucial es que no ocurrió sin la actividad directa de la palabra de Dios. Este es otro ejemplo de "todas las cosas fueron hechas por medio de él" (Jn. 1:3).

Dawkins estaba simplemente equivocado cuando dijo, en *El relojero ciego*, que la selección natural no solo explicaba la variación de la vida, sino también su *existencia*. Su error no tiene nada que ver con creer en Dios, sino que es un simple asunto de lógica. La evolución darwinista *presupone* la existencia de un organismo que se reproduce y muta como punto de partida. De aquí que la evolución darwinista, por definición, no pueda ser una explicación de la *existencia* de la misma cosa sin la cual ella misma no puede iniciarse. El famoso biólogo ruso, Theodosius Dobzhansky, reconoció este hecho obvio, y declaró: "La evolución prebiológica es una contradicción de términos".[31]

Es bueno ver que en su libro mucho más reciente, *El espectáculo más grande de la Tierra*,[32] Dawkins admite que la selección natural no puede explicar el origen de la vida. Sin embargo, él procede a decir algo muy extraño: "¡No necesitamos realmente una teoría plausible del origen de la vida, y hasta podríamos caer en la ansiedad si se descubriera una teoría demasiado plausible!". Su argumento es que, si hubiera una teoría plausible, entonces la vida debería de ser común en la galaxia. Pero ¿qué tiene que ver lo común de la vida en la galaxia con la *plausibilidad* de una teoría del origen de la vida? Una teoría plausible bien podría confinar la probabilidad de existencia de vida a la Tierra. De hecho, existe una teoría plausible del origen de la vida: que Dios la creó en un planeta que había preparado especialmente con ese propósito.

Lo que Dawkins puede querer decir es que si hubiera una teoría *naturalista* plausible que mostrara que, donde las condiciones físicas y químicas fueran tales o cuales, la vida estaría más o menos destinada a surgir, entonces podríamos, sobre una base estadística, esperar que hubiera mucha vida allí afuera. Pero no hay tal teoría.

UNA CUESTIÓN DE INFORMACIÓN

La dificultad radica en que la naturaleza misma de la vida milita firmemente en contra de que vaya a haber jamás una teoría puramente

---

31. Theodosius Dobzhansky, *The Origins of Prebiological Systems and of Their Molecular Matrices*, ed. S. W. Fox, (Nueva York: Academic Press, 1965), 310.

32. Richard Dawkins, *The Greatest Show on Earth* (Londres: Free Press, 2009), 421.

naturalista del origen de la vida. Existe un inmenso abismo entre lo inerte y lo vivo, que es un asunto de categoría y no, simplemente, de grado. Es como el abismo entre las materias primas de papel y tinta, por una parte, y el producto terminado del papel escrito por la otra. Las materias primas no se organizan por sí mismas en estructuras lingüísticas. Tales estructuras no son fenómenos "emergentes", en el sentido de que no aparecen sin un aporte de inteligencia.

Cualquier explicación adecuada para la existencia de la base de datos codificada en el ADN, así como de las prodigiosas capacidades de almacenamiento y procesamiento de información de la célula viva, debe implicar una fuente de información que trasciende los materiales básicos físicos y químicos de los cuales consta la célula. Como ha dicho el fundador de Microsoft, Bill Gates: "El ADN es como un programa de computación, pero más, mucho más avanzado que cualquier *software* que jamás hayamos creado".[33] Basándonos en todo lo que sabemos de la ciencia de la computación, no pueden explicarse, ni siquiera en principio, sin la participación de una mente.

Amir Aczel, matemático, escribe: "Habiendo visto cómo el ADN almacena y manipula tremendas cantidades de información... y la usa para controlar la vida, nos quedamos una gran pregunta: ¿Qué creó el ADN?... ¿fueron quizás el poder, el pensamiento y la voluntad de un ser supremo los que crearon esta base autorreplicante de toda la vida?"[34] La respuesta es ciertamente "sí".

Los procesos naturales no guiados no generan la información de tipo lingüístico hallada en el ARN y el ADN.[35] Más aún, aunque los procesos naturales no guiados pudieran producir una máquina (suposición que es, desde luego, esencial para la creencia atea), esa máquina no podría crear ninguna nueva información. Léon Brillouin, en su obra clásica sobre la teoría de la información, escribe: "Una máquina no crea ninguna información nueva, pero realiza una muy valiosa transformación de la información conocida".[36]

---

33. Bill Gates, *The Road Ahead* (Boulder, CO: Blue Penguin, 1996), 228.

34. Amir Aczel, *Probability 1: Why There Must Be Intelligent Life in the Universe* (Nueva York: Harvest, 1988), 88.

35. El orden que surge de escenarios de auto-organización está en una categoría diferente. Ver Lennox, *God's Undertaker*, 129ss.

36. Léon Brillouin, *Science and Information Theory* (Nueva York: Academic Press, 1962).

Lo que encuentro extraño en la opinión evolucionista (teísta) sobre el origen de la vida es que parecen obviar estas consideraciones científicas. No veo pruebas de que las leyes de la naturaleza dadas por Dios, que obran en la materia que él creó, y que parten de las condiciones iniciales establecidas por él, sean adecuadas para asegurar que el universo y la vida fueran a "emerger" sin aporte especial, discreto y sobrenatural alguno. Las leyes matemáticas que nos son familiares, desde la física meramente, no son adecuadas para hacer la tarea, por la simple razón de que no pueden crear información.

Paul Davies pregunta: "¿Puede la aleatoriedad específica ser el producto garantizado de un proceso determinístico, mecánico, similar a una ley, como una sopa primordial dejada a merced de las leyes familiares de la física y la química? No, no podría. Ninguna ley conocida puede lograr esto; es un hecho de la más profunda relevancia".[37]

Y, no obstante, la afirmación es que tales procesos no solo crearon información, sino que también hicieron a una criatura que puede crear información. ¡No puede ser no! Las consideraciones científicas de la teoría de la información apuntan en la dirección exactamente opuesta, directa a un acto especial, inteligente y creativo como la única solución creíble a la cuestión del origen de la información biológica.[38]

Esto contrasta agudamente con una declaración de Denis Alexander sobre el origen de la vida: "Imagínese yendo al estudio de un artista..., y entonces le suelte al artista: «¡Usted ha escogido un tipo equivocado de pinturas; son realmente inútiles!». Pienso que todos coincidiremos en que eso sería insultante. Pero proclamar confiadamente que los preciosos materiales que Dios ha traído a la existencia, en los momentos agonizantes de las estrellas, no tienen la potencialidad de hacer surgir vida, me parece igualmente insultante".[39]

Este argumento es fatalmente defectuoso, ya que la analogía no corresponde a la aplicación. Nadie está sugiriendo que los materiales

37. Paul Davies, *The Fifth Miracle* (Londres: Penguin, 1998), 89. "Aleatoriedad específica" es un concepto técnico usado en relación con la información.

38. Para más detalles sobre este tema central, ver Lennox, *God's Undertaker*, y también Stephen Meyer, *Signature in the Cell* (Nueva York: HarperCollins, 2009).

39. Alexander, *Creation or Evolution*, 333.

del Creador sean "del tipo equivocado" ni "inútiles". Lo que se sugiere es que los buenos materiales del Creador no pueden hacer surgir vida sin el adicional aporte inteligente directo del Creador. Esto no es un insulto al Creador, como tampoco lo sería sugerirle al artista que sus pinturas son incapaces de producir una obra de arte sin su aporte directo. ¡Es más bien la (ridícula) sugerencia de que las pinturas pueden hacerlo por sí mismas, sin él, lo que sería un insulto al pintor!

Además, no es mayor pereza intelectual rechazar la idea de que la vida sea un producto del potencial latente de la materia y la energía, que obran según las leyes de la naturaleza, que abandonar la búsqueda del movimiento perpetuo o atribuir un magnífico cuadro al genio creativo de Leonardo da Vinci en lugar de a las capacidades físicas y químicas latentes en la pintura y el lienzo.

Y esto nos lleva de vuelta a la afirmación de Paul Davies de que "la idea de que Dios actúa a tropezones, y quita los átomos ocasionalmente, compite con las fuerzas naturales, y es decididamente una imagen poco inspiradora del Gran Arquitecto". Primero, la idea de que el Dios que inventó las fuerzas naturales pudiera competir con ellas se contradice a sí misma e. ¿Y qué hay, pues, de que Dios se entretenga en mover átomos? Leonardo da Vinci también puede ayudarnos aquí. Ni la mente ni la información es una sustancia material. Sin embargo, la información conceptual en la mente de Leonardo movió los átomos de su mano, que movió los átomos del pincel, que movió los átomos de pintura, que produjeron sus obras de arte. Ninguno de esos movimientos estaba *compitiendo* con fuerzas naturales. Por el contrario, ellos *implicaron* fuerzas naturales dirigidas por la mente. Ahora bien, Dios es Espíritu y no material. Y, ya que Dios movió átomos (o más bien los creó) para iniciar el universo, ya que movió átomos para resucitar a Jesús de entre los muertos, resulta que Davies está totalmente equivocado. Sería una "imagen poco inspiradora" del Creador *no* reconocer que movió átomos en el origen de la vida y en la creación de su obra maestra: seres humanos hechos a su imagen, de tal manera que sus mentes pudiesen también mover átomos.

¿ASCENDENCIA COMÚN?

La idea de una creación especial de los seres humanos será cuestionada por el siguiente argumento evolucionista. Los seres humanos y los animales comparten muchas características comunes en términos desde estructuras a gran escala de los huesos y los órganos, hasta las similitudes en su material genético. Estas características implican que hay una evolución ininterrumpida, por procesos naturales no guiados, ascendentes a través de las formas de vida de primitivas a complejas. Aunque hay brechas en el registro fósil, existe de todos modos un consenso prácticamente universal entre los biólogos respecto a que los detalles se completarán con el tiempo. Ellos consideran la evidencia molecular de la interrelación evolutiva de toda la vida como esencialmente concluyente.

Las similitudes son innegables, desde luego. Pero las similitudes pueden ser el resultado de un diseño, a diferencia de la ascendencia; o, en realidad, de una combinación de ambas, como lo demuestra la crianza selectiva. Por tanto, una explicación evolucionista de las similitudes en términos de la selección natural solo tiene autoridad en la medida de que haya pruebas de que los mecanismos evolutivos sugeridos puedan soportar el peso que se les carga. Como he argumentado en otra parte,[40] es evidente que pueden soportar algún peso, pero hasta qué punto puedan soportar el peso de la diferencia entre los animales y los humanos es otro asunto. Y es una diferencia cuántica. El genetista Steve Jones escribe: "Un chimpancé puede compartir el 98 % de su ADN con nosotros, pero no es humano en un 98%: no es humano en absoluto: es un chimpancé. Y que tengamos genes en común con un ratón o una banana, ¿dice algo sobre la naturaleza humana? Algunos afirman que los genes nos dirán quiénes somos en realidad. La idea es absurda".[41]

En su libro *La música de la vida: La biología más allá del genoma*, el biólogo de sistemas Denis Noble explica en mayor detalle cómo unas diferencias minúsculas en la secuencia del genoma pueden codificar diferencias enormemente complejas en su función. Sin embargo, Noble también señala, con respecto al genoma (y, por cierto,

---

40. *God's Undertaker*, capítulo 6.
41. Steve Jones, *The Language of the Genes* (Londres: HarperCollins, 2000), 35. Ver también Lennox, God's Undertaker, 141, para cierta ampliación de este punto.

al cerebro), que "debemos reconocer que estas son bases de datos que el sistema usa como un todo. No son programas que determinan el comportamiento del sistema".[42] Curiosamente, Noble compara el genoma humano, con sus aproximadamente treinta mil genes, con un inmenso órgano con treinta mil tubos (que los hay): "La música es una actividad integrada del órgano. No es solo una serie de notas. Pero el órgano no crea la música en sí. El órgano no es un programa que escriba, por ejemplo, las fugas de Bach. Fue Bach quien lo hizo. Y se requiere un organista consumado para hacer que el órgano las ejecute". Noble pregunta, a continuación: "Si hay un órgano y música, ¿quién es el ejecutante y quién fue el compositor? ¿Y hay algún director?".[43] Excelentes preguntas. Que Noble las haya contestado satisfactoriamente es otro tema, pero el hecho mismo de que las formule es un cambio alentador desde el reduccionismo extremo que ha caracterizado gran parte de lo escrito sobre este asunto.

Los biólogos Jerry Fodor y Massimo Piattelli-Palmarini, aunque sin dudar que la evolución ha acontecido, están profundamente preocupados acerca de la naturaleza "alarmantemente acrítica" de "mucha de la extensa literatura neodarwinista" y preocupados porque "el escepticismo metodológico que caracteriza a la mayoría de los ámbitos del discurso científico parece llamativamente ausente cuando el darwinismo es el tema". Esto, según ellos, se aplica particularmente al papel representado por la selección natural.

> La selección natural ha mostrado tendencias imperialistas insidiosas. La oferta de explicaciones *post hoc,* de rasgos fenotípicos por referencia a sus efectos hipotéticos sobre la aptitud en sus ambientes hipotéticos de selección, se ha diseminado desde la teoría evolucionista a un ejército de otras disciplinas tradicionales: filosofía, psicología, antropología, sociología e incluso estética y teología. Algunas personas realmente piensan que la selección natural es un ácido universal, y que nada puede resistir a sus poderes de disolución.

> No obstante, la evidencia interna para respaldar este seleccionismo imperialista nos impacta como muy tenue. Su credibilidad depende en gran medida del glamur reflejado de la selección natural que, según se dice, queda legitimado por la misma biología. Según esto, si

---

42. Denis Noble, *The Music of Life: Biology beyond the Genome* (Oxford: Oxford University Press, 2006), 130.
43. *Ibid.,* 32.

la selección natural desaparece de la biología, es probable que desaparezcan sus vástagos en otros campos. Este es un resultado muy deseable ya que, por lo común, estos vástagos han demostrado no ser simplemente *post hoc*, sino *ad hoc*, reduccionistas, cientificistas más que científicos, descaradamente congratulatorios de sí mismos, y tan deficientes en detalles que están obligados a acomodar los datos. De modo que en realidad importa si la selección natural es verdad.[44]

En nuestro contexto, una de las declaraciones más interesantes de Jerry Fodor proviene de un artículo previo:

De hecho, un apreciable número de biólogos perfectamente razonables están llegando a pensar que la teoría de la selección natural ya no puede darse por sentada... La presente preocupación es que la explicación de la selección natural, por recurso a la crianza selectiva, es seriamente engañosa y que engañó totalmente a Darwin. Al *tener los criadores mente* (cursivas añadidas), el quid de la cuestión está en los rasgos que quieren obtener; si usted desea saberlo, simplemente pregúnteles. Esto fuerza la analogía entre la selección natural y la crianza, quizás hasta su punto de ruptura. ¿Cuál es, pues, la interpretación deseada cuando uno habla de selección natural? La respuesta queda ampliamente abierta por el momento.[45]

Como era de esperar, Fodor ha provocado una tormenta.

Y él no es el único que hace preguntas acerca de la selección natural. El biólogo William Provine, en un notable epílogo publicado en una nueva edición de una obra clásica, explica que sus opiniones han "cambiado radicalmente": "La selección natural no actúa en nada ni selecciona (a favor o en contra), fuerza, maximiza, crea, modifica, moldea, opera, impulsa, favorece, mantiene, empuja ni ajusta. La selección natural no hace nada. La selección natural como fuerza natural pertenece a la categoría insustancial ya poblada por el flogisto de Necker/Stahl o el «éter» de Newton... Hacer que la selección natural seleccione es estupendo, porque obvia la necesidad de hablar sobre la causalidad real de la selección natural. Tal

---

44. Jerry Fodor y Massimo Piattelli-Palmarini, "Survival of the Fittest Theory," *New Scientist*, 6 February 2010, 28-31. Proporciona un tratamiento más pleno en su libro, *What Darwin Got Wrong* (Londres: Profile, 2010).

45. Jerry Fodor, "Why Pigs Don't Have Wings," *London Review of Books*, 18 October 2007, 20, 29.

discurso era excusable para Charles Darwin, pero inexcusable ahora para los darwinistas. Los creacionistas han descubierto nuestro vacuo lenguaje de «selección natural» y las «acciones» de la selección natural son enormes dianas vulnerables".[46]

Más recientemente, el biólogo Robert G. Reid ha aportado a los signos de interrogación sobre la selección natural en su amplia obra *Emergencias biológicas: La evolución por experimento natural*,[47] sobre la cual un crítico. Christopher Rose, escribió: "Reid argumenta convincentemente que el paradigma seleccionista es una vía muerta conceptual para comprender la innovación, ya que equivocadamente ve la selección natural como una fuerza creativa en la evolución".[48] Reid es muy consciente de los riesgos de su emprendimiento: "Ya que los neodarwinistas son también hipersensibles al creacionismo, tratan cualquier crítica del paradigma actual como una infracción de la cosmovisión científica, que admitirá las hordas fundamentalistas. Por consiguiente, las preguntas acerca de cómo la teoría de la selección puede declarar ser la explicación toda suficiente de la evolución queda sin respuesta o es ignorada".[49] Él detalla entonces una evidencia substancial de que la selección natural no puede soportar el peso que a menudo se le carga.

Parecería ahora que la concesión por Richard Dawkins (del hecho obvio) de que la selección natural no da cuenta del origen de la vida está lejos de ser adecuada: la selección natural parecería dar cuenta de muy poco en el desarrollo de la vida.

Esto no significa, desde luego, que los científicos arriba citados hayan abandonado el paradigma naturalista. Sin embargo, sí significa que existe un desplazamiento desde el reduccionismo simplista a explicaciones "emergentistas" que hacen surgir con mayor precisión el asunto del aporte de información desde una fuente inteligente, y hacen que la exclusión *a priori* de tal aporte parezca todavía más arbitraria. Y es que "emergencia" se está transformando en otro

46. William B. Provine, *The Origins of Theoretical Population Genetics* (Chicago: University of Chicago Press, 2001), 199-200.
47. Robert G. Reid, *Biological Emergences: Evolution by Natural Experiment* (Cambridge, MA: MIT Press, 2007).
48. Christopher Rose, review of *Biological Emergences: Evolution by Natural Experiment* by Robert G. Reid, in *Integrative and Comparative Biology* 48, no. 6 (2008): 871-873.
49. Reid, *Biological Emergences*, 2.

término resbaloso que puede esconder un número de presuposiciones ocultas.[50]

Al darle la bienvenida al libro de Reid, el crítico concluye de un modo interesante:

> Del lado positivo, la biología evolutiva necesita ser llevada más allá de las explicaciones reduccionistas/centradas en los genes de propiedades como la multicelularidad, los planes corporales, la flexibilidad conductual, el automantenimiento, la homología y la inteligencia humana. Los acontecimientos importantes en la historia de la vida claramente implicaron factores causales en numerosos niveles de organización, ninguno de los cuales tiene una prioridad inherente por encima de los demás. Del lado negativo, el emergentismo incrementará indudablemente los desafíos de enseñar la teoría de la evolución y de convencer al público (y a nosotros mismos) de que los biólogos saben de lo que están hablando.[51]

¿EVOLUCIÓN DE LAS BRECHAS?

Aunque la acusación de creer en un Dios de las brechas debe ser tomada seriamente— es, después de todo, posible que un teísta sea intelectualmente perezoso y decir, en efecto: "No puedo explicarlo, por tanto Dios lo hizo"—, es importante decir que lo que se aplica a unos también se aplica a otros. Muchos de los que acusan a los cristianos de tener una mentalidad de "Dios de las brechas" son ellos mismos culpables exactamente de lo mismo. Por ejemplo, Paul Davies, quien, como vimos antes, no cree que la ley conocida pueda crear la información necesaria para la vida, invoca por tanto una ley natural desconocida como su relleno para la brecha.

La evolución es también un llamativo relleno de brechas. No es difícil improvisar una narración especulativa irrefutable, y afirmar "la evolución lo hizo". En realidad, un científico de convicciones naturalistas *tiene* que decir que los procesos naturales fueron exclusivamente responsables de la existencia de la vida y de todas sus variadas formas, ya que no hay una alternativa admisible en la cosmovisión naturalista.

50. Ver Lennox, *God's Undertaker*, 55-56.
51. Rose, *op. cit.*, 871-73.

El físico premiado con un Premio Nobel, Robert Laughlin, cuya investigación trata de las propiedades de la materia que hacen posible la vida, publicó la siguiente advertencia a los científicos acerca de los peligros de esta clase de pensamiento:

> Gran parte del actual conocimiento biológico es ideológico. Un síntoma clave del pensamiento ideológico es la explicación de que carece de implicaciones, y que no puede ser puesto a prueba. Yo llamo a tales vías muertas intelectuales «anti-teorías», porque tienen el efecto exactamente opuesto al de las teorías reales: detienen el pensamiento en lugar de estimularlo. La evolución por selección natural, por ejemplo, que Darwin concibió como una gran teoría, ha llegado a funcionar recientemente como una antiteoría llamada a cubrir limitaciones experimentales embarazosas, y a legitimar hallazgos que son en el mejor de los casos cuestionables, y en el peor, ni siquiera erróneos. Tu proteína desafía las leyes de acción de masas: ¡la evolución lo hizo! Tu complicada maraña de reacciones químicas se transforma en un pollo: ¡Evolución! ¿El cerebro humano trabaja sobre principios lógicos que ningún ordenador puede emular? ¡La evolución es la causa![52]

Sospecho que la creencia en una evolución de las brechas está probablemente más difundida que la creencia en un Dios de las brechas, ya que la concentración en esta última le permite a aquella crecer sin ser detectada.

Por tentado que me sienta de explorar más este tema, debo abandonarlo aquí, con un experimento imaginario acerca de la descendencia y el diseño. Suponga que un día los científicos se las ingenian para producir vida en el laboratorio, a partir de sustancias químicas inertes, como muchos creen que lo harán, a la luz de la construcción de una bacteria sintética por Craig Venter, mediante el uso de un genoma contenido en un programa de computación. Suponga, además, que esta vida crece y se establece como una nueva especie, pongamos la Especie X. Ahora imagine que se pierden todos los registros científicos sobre esto y, en el futuro distante, los científicos se encuentran con la Especie X. Si el neodarwinismo es todavía el paradigma reinante, estos científicos van a argumentar inevitablemente

---

52. Robert Laughlin, *A Different Universe: Reinventing Physics from the Bottom Down* (Nueva York: Basic Books, 2005), 168-69.

que la Especie X está relacionada con toda la demás vida por un proceso evolutivo naturalista ininterrumpido. Estarán equivocados, ¿no es cierto? La relación de la Especie X con otras especies implica un aporte especial y discreto de información mediante la inteligencia. Lo que es más, esa intervención de la inteligencia humana es, por definición, invisible para el neodarwinismo, igual de invisible que la creación especial de humanos para el neodarwinismo de hoy. Pero el neodarwinismo no es el único par de lentes en el mercado.

Agradecimientos

A lo largo de los años me he beneficiado interactuando con muchas personas y leyendo muchos libros y comentarios, pero estoy principalmente en deuda con mi amigo de toda la vida y mentor, el profesor David Gooding, miembro de la Real Academia Irlandesa. Fue él quien llamó mi atención hace muchos años sobre el hecho de que Génesis 1 no solo se ocupa de la creación, sino también de la organización. También le debo innumerables percepciones de las riquezas de la Biblia, que me han influenciado tan profundamente que se han tornado una parte intrínseca de mi pensamiento. Me gustaría agradecerle a Barbara Hamilton su invalorable ayuda en detectar impropiedades gramaticales y estilísticas en mi manuscrito original. Estoy, asimismo, en deuda con mi asistente de investigación, Simon Wenham, por su aporte constante y alegre, y su ojo crítico.

Índice alfabético general